Shincho Sensho
新潮選書

キプロス島歴史散歩

澁澤幸子

はじめに

キプロス島は九千年の歴史を持つ島といわれる。

「この島には前史時代の集落跡も、古代ギリシアの神殿も、古代ローマの劇場も、初期キリスト教のバシリカも、ビザンティン時代の修道院も、十字軍の城も、ゴシック式の教会も、ヴェネツィアの要塞もある」

『キプロス周遊ガイド』(Touring Guide of CYPRUS) という本をぱらぱら見ていたら、こんな文言が目についた。さらに付け加えれば、この島にはオスマン時代のモスクや浴場も、島を植民地にしていた英国人の居住区もある。まるで世界史をぎゅっと圧縮して、小さな島に詰め込んだようではないか。

私が初めて北キプロスを訪れたのは一九九七年の初夏だった。トルコの地中海岸から船でキプロス島の北の玄関ギルネ(キレニア)に渡り、島都レフコシャ(ニコシア)もちょっとのぞいてきた。トルコを専攻する者としては、今も昔もトルコとは切っても切れない縁にあるキプロスを見過ごすわけにはゆかない。トルコを知れば知るほど、キプロスに、とりわけその歴史に興味が湧いてくる。一度はこの島の土を踏んでみたいという気持ちが抑えられなくなったのである。

翌九八年、今度はイスタンブールから空路でふたたび北キプロスを訪れた。このときはギルネ、レフコシャから、ガジマーウサ（ファマグスタ）まで行ってみた。

しかし、北キプロスだけでは片手落ちであろうと、二〇〇一年、今度はアテネから南キプロスのラルナカへ飛んだ。ラルナカ、ニコシアから、山のリゾート地トルードスを通ってリマソルへ、最後はアフロディテ（ヴィナス）が生まれたといわれる、島の西南端の町パフォスまで足をのばした。

ちょうどニューヨークのテロ事件直後で、外務省はトルコとキプロス島に危険地域という警告を出していた。しかし、NYのテロとキプロスはとりあえず関係ないと判断して出かけてみれば、キプロスはまだ真夏、西洋人観光客たちがのんびりと南国の太陽を満喫していた。

結局、私はここ数年の間に三度、キプロス島を訪れている。

キプロス島は周知の通り、一九七四年のキプロス紛争以来、南北に分断されている。これまでに国連の仲介で何度となく、ギリシア系のキプロス共和国（南）とトルコ系の〝北キプロス・トルコ共和国〟（北）の間で問題解決のための交渉が持たれてきたが、合意に至らなかった。双方の主張が肝心のところで噛み合わないのである。その原因はひとことでは断じがたいが、この島の長い歴史が伏線になっていることは否めないだろう。

二〇〇四年五月のキプロス共和国の欧州連合（EU）加盟に先だち、アナン国連事務総長によって、南北キプロス「再統合」のための調停が行われたが、結局、不調に終った。

十二月、ブリュッセルで行われたEU首脳会議では、トルコ共和国のEU加盟問題が協議され、二〇〇五年十月、交渉を再開することで合意に達した。EU加盟はトルコ共和国にとって積年の悲願だが、キプロス問題が解決しない限り、トルコのEU加盟の実現はない。

近い将来、「キプロス問題」が南北住民の納得のいく形で解決され、キプロスに愛と美の女神アフロディテの島にふさわしい平和が訪れることを祈るばかりである。

＊

キプロス島にはギリシア名とトルコ名を持つ土地が多く、混乱しやすいが、この稿ではその場に応じて、あえて双方を使うことにした。

たとえば、ニコシアとレフコシャは同じ都市ではあるが、ギリシア系島民が住む南側については、ギリシア名ニコシアを、トルコ系島民が住む北側については、レフコシャを用いた。

《ギリシア名》	《トルコ名》
ニコシア	レフコシャ
ファマグスタ	ガジマーウサ
キレニア	ギルネ

目次

キプロス島歴史散歩

首都レフコシャ（ニコシア）旧市街（城内）

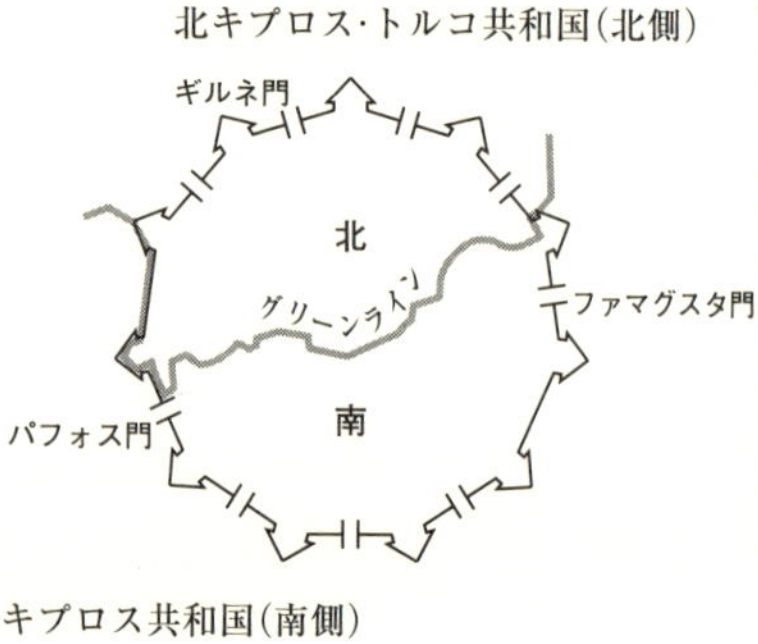

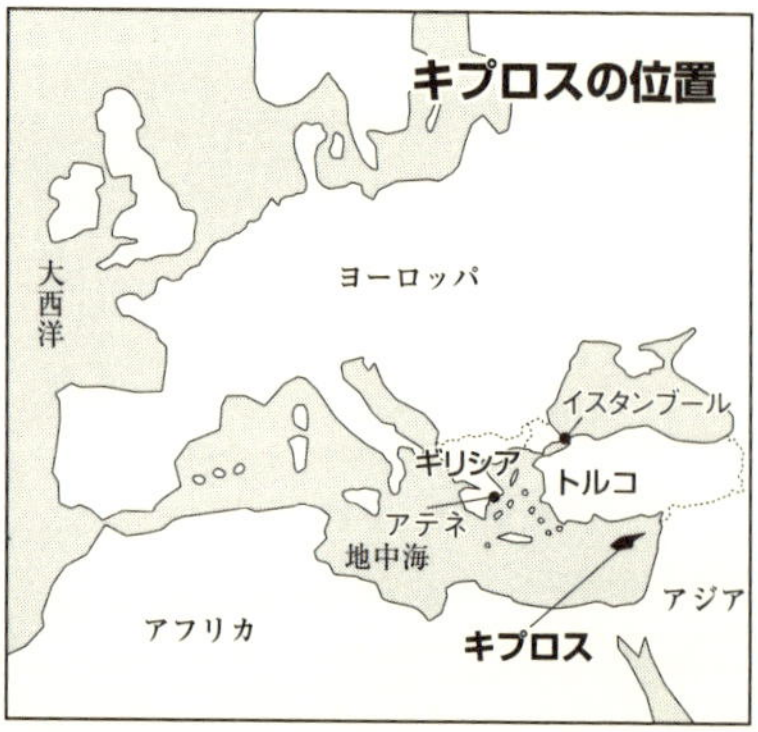

キプロス
CYPRUS

地図作成・パンアート

キプロス史年表

後期青銅器時代	BC.1650～1050
	・ミケナイ人の植民始まる。BC.1400
鉄器時代	BC.1050頃
ジオメトリック時代	BC.1050～750
	・フェニキア人キティオンに植民。BC. 9 世紀頃。
アルカイック時代	BC.750～475
	・アッシリア人侵入。BC.675～669
	・エジプト人侵入。BC.560～545
	・ペルシア人侵入。BC.545～332
古典時代	BC.475～325
	・アレクサンドロス大王の支配下に入る。BC.336
ヘレニズム時代	BC.325～50
	・プトレマイオス朝の支配下に入る。
ローマ時代	BC.50～AD.330
ビザンティン時代	330～1191
英国リチャード王の支配	1191
リュージニャン時代	1192～1489
ヴェネツィア時代	1489～1571
オスマン帝国時代	1571～1878
英国支配時代	1878～1960
キプロス共和国誕生	1960
キプロス紛争	1974
	・キプロス島、南北に分裂。

〝北キプロス・トルコ共和国〟独立宣言　1983

キプロス共和国EU加盟　2004

I　分断された〃女神の島〃

南北に分断された島

キプロス島という名を聞いたことがないという人はまずいないだろう。だが、この島がどこにあって、どんな歴史を持ち、どんな現状にあるのかは意外に知られていない。

キプロス島は地中海の東南のどんづまりに位置する。トルコの南七〇キロ、シリアの西一〇〇キロという位置は近東と呼びたいところだが、なぜかヨーロッパなのだそうである。「三大陸の十字路」にあるキプロスは、古代からエジプト、メソポタミア、シリア、小アジア、ギリシア、クレタの文明の恩恵にも浴してきた。

島の総面積は約九二五〇平方キロ。四国のおよそ半分に当たる。シチリア島、サルディニア島に次いで、地中海第三の島である。気候は温暖。松や杉に蔽われた山岳部と、肥沃な平野、陽光溢れるビーチは十月下旬頃まで海水浴を楽しめる。島の西南端のパフォスは海浜リゾートとして外国人にも人気で、ヨーロッパから直行便も飛んでいる。

キプロスに行ってきたと言うと、まず尋ねられるのは南北の状況である。

――キプロスはいま、どんな状況にあるのか。南北間の紛争はおさまっているのか。

キプロスといえば〝紛争〟と反応する人は多い。なにしろ、一九七四年に国連キプロス平和維持軍（UNFICYP）が派遣されて以来三十年、キプロスはいまだにこの部隊のお世話になっているのである。

ひとことで言えば、いまはとりあえず紛争も小競《こぜ》り合いもない。われわれ第三国人が観光客として訪れる分にはなんの問題もない。南にも北にも容易に入国し、観光を楽しむことができる。しかし、一九七四年以来、キプロス島が南北に分断されているという現実は厳としてある。

全島面積の約六〇パーセントを占める南のキプロス共和国は国連にも承認され、二〇〇四年、EUにも加盟した独立国で、ギリシア系キプロス人が住んでいる。人口八十万。全島人口の約六九パーセントに当たる。

北側の約三七パーセントを占める〝北キプロス・トルコ共和国〟には、トルコ系キプロス人が住んでいるが、この国を承認しているのはトルコ共和国だけである。人口約二十一万。

ちなみに、南側で市販されている地図には〝北キプロス・トルコ共和国〟の部分は「トルコに占領されている地域」と記載されている。

南側と北側の境界はグリーンラインと呼ばれる緩衝地帯で、国連が管理し、島の総面積の三パーセントを占める。このグリーンラインを越えて、北から南へ、あるいは南から北へ出入りすることは、最近まで制限されていた。つまり、南を訪ねるには空路でも海路でも、ギリシアから入らなければならず、北を訪ねるのならトルコから入らなければならなかったのである。

だが、二〇〇四年七月、状況は一変した。われわれ第三国人に対して、国境の通行が自由化されたのである。日本人はパスポートを提示すれば、北から南へ、南から北へ、自由に通行できるようになった。通行の自由化は南北にとって重要な産業である観光の振興にも大きなプラスになることだろう。

では、長年にわたるキプロス問題の最大の争点はどこにあるのか。

それは〝再統合〟に関する南北の主張の相違にある。キプロス共和国（ギリシア系）側は「二つの共同体で構成された、中央政府に主権を置く連邦国家」を主張しているのに対し、北キプロス（トルコ系）側は「二つの対等な独立国家からなる緩やかな国家連合」を要求している。つまり、ギリシア側が主張しているのは「一九七四年（クーデター）以前の体制の復活」であり、トルコ側の要求は「南北キプロスによる対等な連邦国家の樹立」にある。

それでは、なぜ〝キプロス問題〟は、世界の注目を浴びているのか。

この紛争の決着如何が南北島民だけでなく、多くの国々の命運にかかわっているからである。まず、南キプロスにはギリシア、北キプロスにはトルコという〝母国〟がある。かつての宗主国であり、いまも島内に二つの基地を持つイギリスも当事者である。中東に睨みをきかせるべく、八十二年にわたって保持してきたキプロス島を簡単に手放したくないのは当然だろう。キプロスを生まれ故郷あるいは終《つい》の棲家《すみか》とするイギリス人も少なくないのである。

国内にギリシア系国民の有力ロビーを抱えるアメリカも、キプロス問題には大きな関心を持たざるを得ない。キプロス問題をギリシア側に有利に収拾するための根まわしは、国内のギリシア・ロビーのために必要だろう。多民族国家アメリカでは、ギリシア・ロビーはユダヤ・ロビーに次ぐパワーである。

さらに、キプロス共和国はすでにEUの一員である。ヨーロッパ諸国にとっても、キプロス共和国は身近な国になっている。もちろん、近隣の中東諸国にとっても、キプロス問題は対岸の火事ではない。

キプロス問題は、単なる南海の孤島の民族紛争ではなく、世界がかかわる問題なのである。

いまに尾を引くキプロス紛争

三百年間、オスマン帝国の領土であったキプロス島が、英国の統治下に入ったのは一八七八年である。当時、オスマン帝国は長年にわたる対露戦争に疲弊し、国力も衰退していた。そこに登場したのが、キプロスの戦略的価値に着目した英国である。英国は露土戦争後のベルリン会議で、オスマンに助力する代償として、キプロス島の統治権を奪ったのである。

さらに、第一次世界大戦でオスマン帝国がドイツに与《くみ》して敗戦国になると、一九二五年、英国はキプロスを直轄植民地にしてしまった。

ギリシア系キプロス人とトルコ系キプロス人の対立が表面化したのは、このイギリス統治時代である。島がイギリスの植民地になると、ギリシア系キプロス人の間に「エノシス」という運動が起こった。イギリスの植民地支配から脱し、キプロス島をギリシアに併合しようという運動である。

しかし、トルコ系キプロス人にとっては、島がギリシアに併合されるなど、とんでもないことであった。トルコ系キプロス人は「エノシス」に対抗し、島を分割してトルコとギリシアそれぞれに併合しようという運動「タクシム」を起こした。

第二次世界大戦中は「エノシス」も一時下火になったが、戦後になると、ふたたび燃え上がった。植民地支配を否定する世界的趨勢がこれに拍車をかけた。

一九六〇年、キプロスはようやく八十二年の英国の植民地支配から脱した。

その後のキプロスは、新しい独立国になるか、植民地時代以前の支配国だったトルコに帰属するか、あるいは、ギリシア系住民が多数派であるからギリシアに帰属するべきか……すったもんだの論議の結果、一九六〇年八月十六日、キプロスは、複合民族国家「キプロス共和国」として新しいスタートを切った。キプロス共和国（南）はいまもこの日を独立記念日にしている。

だが、この国家はたちまち破綻した。

一九六〇年以前に生まれた方なら「キプロス紛争」をご記憶だろう。一九七四年、キプロスのギリシア系右翼がギリシアの軍事政権と結託してクーデターを起こし、それを契機にトルコが軍事介入して、島の北部を占領したのがキプロス紛争である。

軍事介入はトルコ系住民を守り、キプロスがギリシアに併合されるのを阻止するためのやむをえない行動、とトルコ側は主張し、ギリシア側は、トルコ系島民を守ることを口実にしたトルコの不法な侵略と断じる。

初めてイスタンブールを訪れた一九八一年、私はたまたま知り合ったトルコ人青年の店で、オフィスの壁にピンで留められた小さな写真を目にした。軍服姿の若者の写真だった。

「この兵隊さん、だれ?」と尋ねると、それまで冗談ばかり言っていた青年の顔が急に引き締まった。

「ぼくの幼なじみだよ。キプロスで戦死したんだ」

私がキプロス紛争を身近に感じたのは、そのときが最初だった。

両国の不和の根にある「キプロス問題」

一九八三年十一月、トルコ系島民の住む島の北部が、「北キプロス・トルコ共和国」として独立を宣言した。だが、これを国家として承認しているのはトルコ共和国だけである。

その後も南北の紛争は断続的に起こった。

七四年以後は、トルコ系住民の村が襲撃されるような事件はなくなったが、九九年頃まで南北ボーダー周辺での小競《こぜ》り合いはつづいていた。

南北の軍備が強化され、ギリシア・トルコの対決が一触即発の様相を呈した時期もあった。九七年にはトルコは国軍三万をキプロスに駐屯させ、ギリシアはなんと、ロシア製の長距離ミサイルを配備して対抗した。九八年、ギリシア側が島内に軍事用航空基地を設置し、ギリシア空軍戦闘機が示威飛行を行うと、トルコ側も戦闘機を飛行させ、ガジマーウサの港に駆逐艦や潜水艦を配備した。国連も米英両国もこれには慌てて仲裁に入り、ミサイルは撤去された。

キプロスはギリシア・トルコ両国に大きな軍事支出を強《し》いている。緊張の高まった九七年当時、

GDPに対する軍備費の割合は、トルコ四・二パーセント、ギリシア四・六パーセントに達した。

二〇〇二年十一月、国連のアナン事務総長によって、スイス型の連邦国家を建設するという和平案が提示された。提案は、南と北は政治的に同格とし、人口比によって選ばれた六人が大統領評議会を構成して政権を担当する、評議会議長は十か月ごとに交代する等、具体的なものであった。キプロス問題はこれまでにも何度となく交渉が持たれてきたが、国連としては二〇〇四年五月に予定されていたキプロス共和国のEU加盟をまえにして、南北問題を一挙に解決しておきたかったのだろう。アナン事務総長はキプロスの「分断の固定化」を懸念していた。

南のクレリデス大統領（当時）も、北のデンクタシュ大統領も、この交渉に応じることに同意して、一時はキプロス問題も四十年ぶりに解決に向かうかと見えた。北キプロスの〝後見国〟であるトルコ共和国もEU加盟のために譲歩するのではないかと思われた。トルコは一九八七年にEU加盟を申請し、九九年に加盟候補国となったが、キプロス問題のほか、トルコの法制度や民主化などの問題もあって先送りされつづけてきた。

だが、結局、翌二〇〇三年三月、オランダのハーグで行われた交渉は決裂に終わった。キプロスの再統合は実現しなかった。

アナン事務総長も、

「努力はしたが、成果はなかった。今回はこれで手を引くしかない」

という声明を発した。事務総長もバグダードやエルサレムが忙しく、当面、流血の紛争はないキプロスはしばらくおくことにしたのだろう。

和平案には双方に満足のいかない点があったが、北側がどうしても承服できなかったのは、島の三七パーセントを占める現在の領土を二八・五パーセントにするという一件であった。「そんなことをしたら、三、四万のトルコ系住民が住む家を失うことになるではないか」と、北のデンクタシュ大統領は譲らなかった。

南のEU加盟と今後の南北キプロス

しかし、トルコ共和国とトルコの人々の、キプロス問題に決着をつけて、トルコのEU加盟の実現に向かいたいという思いは強い。キプロス共和国のEU加盟が三か月後に迫った二〇〇四年二月十三日、ついに北キプロスは、アナン事務総長が提案した連邦制国家の構築を基本にした解決策の受け入れに合意したのである。

二月十三日付けのトルコの有力紙『サバー』も、キプロス問題の解決に向けてニューヨークで始まった協議で、〝北キプロス・トルコ共和国〟のデンクタシュ大統領がアナン調停案に対し、予想外の前向きの姿勢を見せて周囲を驚かせたことを大きく報じている。

「アンカラ政府は四十年にわたって未解決のままになっていたキプロス問題に対して、初めて大きく前進した……」

南キプロスのパパドプロス大統領と北キプロスのデンクタシュ大統領が国連本部で話し合いをつづけた結果だった。

なんとしてでもEUに加盟したいアンカラ政府が〝後見役〟として、デンクタシュ大統領を説

南北キプロスを隔てる境界線（グリーンライン）は
国連キプロス平和維持軍が管理している。

得しつづけたことが大きかったろう。

「国連の提案に従って〝再統合〟という道筋をとれば、トルコ共和国のEU加盟も現実のものになってくる。そうすれば、トルコ共和国も、北キプロスも、そろってEUの恩恵に浴せることになり、トルコ国民ともども、北キプロスの人々も、より豊かになれるではないか……」

EUに加盟したからといって、ただちに投資の増大や雇用の拡大が期待できるとは限らないが、トルコ国民にとって、EU加盟は夢である。

だが、肝心のキプロス島民にとっては、再統合は軽々しく決められたくない問題であった。なにしろ、過去に苦い経験がある。流血の惨事は南北ともに、もうたくさんであろう。

国連はキプロス問題の解決を南北両島民の投票に委ねることにした。二〇〇四年四月二十四日、南北キプロスで再度、練られた国連案(アナン案)に対する国民投票が行われた。

国連案は南北双方の主張を入れた具体的なもので、キプロスをギリシア系・トルコ系の国家からなる連合共和国とする、大統領は輪番制とする、南北住民の移住は制限される等々が盛り込まれていた。

しかし投票の結果は、北キプロスが賛成六五パーセントと過半数であったのに対して、南キプロスは七六パーセントが反対票を投じた。南の人々はトルコ軍の駐留を認めるという一項が不満だったらしい。

これによって、二〇〇四年五月一日、〝片肺国家〟キプロス共和国(南)のみがEU加盟を果たし、北キプロスは置き去りにされた。国連案を受け入れた北側が加盟できず、反対した南が加盟するという皮肉な結果である。

一方、十二月、ブリュッセルで行われたEU首脳会議で、トルコのEU加盟交渉は二〇〇五年十月三日から開始することが決まり、トルコのエルドアン首相はこれに合意した。加盟実現のためには、南キプロスの承認をはじめ、さまざまな条件がつけられたが、とにかく加盟への道筋はついた。ブリュッセルから帰国したエルドアン首相はトルコ国民の歓呼で迎えられた。

しかし、イスラム国トルコのEU加盟に対する欧州諸国の反発や抵抗感は大きい。欧州諸国をどう説得しつつ、国民をどう納得させてゆくか。これからがエルドアン首相の正念場であろう。人口七千万のイスラム国が晴れてEUに加盟するのはいつの日であろうか。

農業国から観光国に転身した南キプロスは、近年、順調な経済成長をつづけ、一人当たりのGDPは一万五千百ユーロに達した。これは二〇〇四年にEU加盟を果たした十か国中の最高だという。だが、海外との貿易も資本導入もままならない北キプロスの経済は、南とは比較にならぬほど厳しく、トルコに依存して露命をつないでいるのが現状である。

いずれにしても、三十年ぶりの再統合がキプロスの悲劇の歴史のくり返しになっては断じてならない。エルドアン首相も、デンクタシュ大統領もおそらくねばりにねばって、細部まで再統合の条件を詰めていくだろう。

南北の人々が恩讐を超え、互いに譲るべきは譲って、二民族が平和共存する新しいキプロスを築いて欲しいと願うばかりである。

大地震は天の配剤か

ギリシアとトルコの関係は犬猿の仲と言われて久しいが、一九九九年にトルコを襲った大地震以後、両国民の間では急速に雪解けが進んでいる。トルコの大地震に際して隣国ギリシアがいちはやく救援隊を送ったことが、トルコの庶民をいたく感動させたのである。地震の後、私も友人たちから預かった見舞金やプレゼントを持って、被災地のテント村を訪れた。テント村の事務所には、ギリシアから送られてきた寝袋が積んであった。寝袋にはメッセージが添えられていた。

「友よ、いい日は必ず来る」

このことばに、純朴なトルコの庶民はどんなに励まされ、胸を熱くしたことだろう。

その後まもなく、今度はギリシアで大地震が起こった。トルコはいまこそご恩返しのチャンスと張り切って、真っ先に救援隊を送った。

近頃は私の周囲のトルコ人たちも、ひと昔前とは言うことがだいぶ変わってきている。

「ユナニスタン（ギリシア）とはお隣り同士なんだもの、仲よくしなくちゃね」

「トルコとギリシアが敵対しているというのは政治の問題だよ。個人の問題じゃない」

「ギリシア人だって、友だちになればトルコ人とちっとも変わらないよ。人間同士、話し合えば理解しあえるさ」

一九八一年、私が初めてトルコを訪れた頃には、そんなことを言う者はいなかった。

この二年間に二度ギリシアを訪れたが、私はギリシア人と雑談中、機会あるごとに、さりげなくトルコを話題にしてみた。

「トルコ人を敵だなんて思っていないよ。ギリシアとトルコの仲が悪いなんていうのは政治レベルの話。この頃は大きな紛争もないしね」

「お隣り同士なんだから、仲よくするべきだよ」

ギリシア人の反応もおおむねトルコ人と同じようなものだった（もちろん、反感を露わにする人もいなくはなかったが）。庶民レベルでの雪解けはここまで進んでいるのかと驚いたほどだ。両国を襲った大地震は多くの犠牲者を出したとはいえ、ギリシア・トルコ関係にとって天の配剤だったのかもしれない。

トルコ系ギリシア人の住む町で

それでもいまでも、両国政府は完全に手を握り合えないでいる。両国の間には、領海問題、領空問題、エーゲ海の島の領有権の問題など、トラブルの種はさまざまあるが、最大のネックになっているのは、キプロス問題なのである。キプロス問題が解決しない限り、両国が完全に手を握り合うことはむずかしいのではないか。

「ベルリンの壁だって意外に簡単に崩れたんだから、キプロスのボーダーだって簡単に崩れるかもしれない」

と言う人がいたが、それは違うだろう。ベルリンの場合、壁の向こうにいるのも同じドイツ人だったが、キプロスの場合は、壁の向こうにいるのは異民族なのである。異なる言語、異なる宗教を持った異民族同士の対立がこじれたら、その修復は容易なことではない。イスラエル＝パレスチナの例を見るまでもないだろう。

二〇〇三年十月、私はギリシアのトラキア地方に住むトルコ系住民の実態をフィールドワークするため、コモティーニという都市を訪れた。この都市の人口の半分は〝ムスリム・グリーク〟と呼ばれるトルコ系住民である。

ある午後、町の中心広場をぶらついていると、学生のような若い男女が通行人にビラを配りながら、なにやら叫んでいた。残念ながら、私はギリシア語はほとんどわからないが、広場に並んだ立て看板を見てわかった。展示された写真やポスターはキプロス紛争におけるトルコ軍の〝残忍非道な悪行の数々〟を訴えるものであった。その写真やポスターに私は見覚えがあった。すべてニコシアの南側ボーダーに展示されていたのと同じものだった。英語の説明書きもあった。

「三十年前、キプロスで、トルコ人はギリシア系住民に対して、かくも悪逆非道なことをしたのだ」

と、彼らは訴えていたのだ。プロパガンダを叫んでいる連中がキプロス紛争を記憶している世代ではなく、その後に生まれた若者たちだったことに、私はひっかかった。親に教えられ、学校で教育されたのか。これが新右翼という連中なのだろうか。

なにより気になったのは、コモティーニという町の住民の半分がトルコ系だということである。オスマン帝国が滅び、トルコ共和国が誕生した一九二二～二三年、ギリシアに住むトルコ系住民をトルコへ、トルコに住むギリシア系住民をギリシアへ強制移住させる〝住民交換〟が行われたが、そのとき、イスタンブールに住むギリシア系住民と、ギリシアのトラキア地方に住むトルコ系住民はそのまま住んでいてよいことになった。だから、トラキアにはいまも多くのトルコ系の人々が住んでいる。

トルコ系の住民たちはこのデモンストレーションをどんな気持で見ているのだろうか。なにもトルコ系住民が半数を占める町で、こんなデモをしなくても……と思ったが、そういう町だからこそ、こういう運動が起こるのかもしれない。

「どうしてわざわざトルコ人の多いこの町で、ああいうデモをするのかしら?」

生粋のギリシア人だという青年に、なにげないふうに言ってみたら、彼は軽く応じた。

「あんなのギリシアじゃあ、どこでもいつでもやってるよ。気にすることないよ」

ギリシアとトルコの確執の根はかくも深いのである。

II　神話時代からビザンティン支配へ

アフロディテ誕生の地

南北の微妙な現状はしばらくおき、ここで、神話時代から始まるこの島の長い長い歴史をたどってみることにしよう。

九千年の歴史の島といわれるキプロスでは、いまも各地で遺跡の発掘が行われているが、最古の集落跡は新石器時代（紀元前八二〇〇～三九〇〇）にさかのぼる。青銅器時代（紀元前二五〇〇～一〇五〇）にはすでに銅が採掘され、近東、エジプト、エーゲ海の島々と交易が行われていたという。「キプロス」という地名は、銅を意味する英語のcopper、ラテン語のcuprumと語源を同じくするという説さえある。

キプロスという呼称は紀元前十三世紀にはすでに使われていた。ギリシア本土からミケナイ人が植民してきたのは紀元前十四世紀だが、銅の採掘はそれ以前から行われていたというから、銅を意味する「キプロス」は土着民のことばだったのかもしれない。

ちなみに、キプロス共和国の国旗に描かれた黄金の国土は、キプロスの銅を初めとする豊かな地下資源を表わし、国土の下に添えられた二枝のオリーヴは両民族の協力と平和のシンボルだという。

キプロスは英語でサイプラス（Cyprus）、ギリシア語ではキプロス（*Κύπρος*）、トルコ語ではクブルス（*Kıbrıs*）だが、その語源については諸説ある。発音と綴りが似ているところから、cypress（糸杉）から来ているともいわれるが、これは誤りだろう。

有力な説としては前述の〝銅〟に由来する説と、もうひとつ人名説がある。キプロスのキニラス王の息子か娘の名とする説である。エーゲ海の島々の名には、ミコノス、サモス、パロス、ナクソスなど、人名に由来するものが多いから、人名説も有力と思われる。

キニラスはホメロスの記述にも登場するキプロスの王で、古代都市パフォス市を築き、アフロディテの神殿を奉献した人物とされる。

キプロス島の西南端の町パフォスは女神アフロディテが漂着した海辺といわれ、四世紀頃まで、アフロディテ（ヴィナス）を奉る祭祀が盛んに行われていたという。かつてキプロスにはアフロディテの神殿跡が各地に築かれていた。古代からこの島は愛と美の女神「アフロディテの島」とされてきたのである。

アフロディテが漂着した浜辺といえば、だれでも思い出すのがボッティチェリの名画「ヴィナスの誕生」であろう。全裸のアフロディテが長い髪を潮風になびかせて立っているのが、パフォスの浜である。右側で衣装を着せかけようとしているのは季節の女神ホーライたちで、左上で息を吹きかけているのが、彼女をキプロスまで送り届けた「西風」である。

ギリシア神話によるアフロディテ誕生までの物語は、いささかおどろおどろしい。

天地創造のカオスの中から生まれた大地の女神ガイアが、天空の神ウラノスを産み、ウラノスと結婚して巨人神族「ティタン族」を産む。息子と結婚する？　と驚くことはない。そのとき、カオスの中に生きる者はガイアとウラノスしかいなかったのだ。

ウラノスはわが子ティタンたちが自らの主権を脅かすことを恐れて、彼らを大地の底に閉じ込めてしまった。母であり妻であるガイアはこれを怒り、末子クロノスにウラノス殺害を命じた。クロノスは就寝中の父親ウラノスに忍び寄り、まず手足を切断、次に生殖器を切って、これを海中に投じた。ウラノスの生殖器は白い泡となり、その中から生まれたのが愛と美の女神アフロディテだという。

アフロディテは最初、ペロポネソス半島の南東の小島キテーラ島に上陸するが、ふたたび西風に送られてキプロスのパフォスに漂着したのである。

パフォスには、「アフロディテの浜」と呼ばれるビーチがある。私はこの海辺沿いの道を乗合いバスで通ったことがある。窓から眺めていると、浜辺に観光バスが停まって、西洋人観光客がたむろしていた。乗合いバスの運転手は、

「ただのビーチだよ。なんにもないよ」

と、笑って言ったが、南国の陽光にきらきらと輝く地中海は、アフロディテ誕生の地と呼ぶにふさわしい美しさであった。

ギリシア神話の舞台でもあった

キプロス島はギリシア神話の宝庫である。この島を舞台にしたギリシア神話のエピソードは数多い。

パフォスの浜に流れ着いたアフロディテは、オリムポス一の醜男である鍛冶《かじ》の神へーパイストスを夫にするが、愛と美と官能の女神である彼女は、有夫の身でありながら自由奔放に男たちを愛し、夫の嫉妬を煽った。

アフロディテは息子のエロス（クピド）をいつもお供に従え、気が向くとエロスに命じる。

「お前の愛の矢で、あいつの心臓を射ておやり」

いたずら小僧のエロスは、嬉しそうに背中の翼をぱたぱたさせてキプロス島を飛びたってゆく。エロスはアフロディテの息子とも、息子ではないとも言われるが、彼女の腰巾着ではある。エロスが標的の人物の心臓めがけて矢を放つと、射られた者はたちまち恋に落ちてしまう。

アフロディテの逆鱗に触れてミルラ（没薬《もつやく》）の木に変えられたミュラは、キプロスの王女だった。アフロディテに愛された美少年アドニスが、猪の牙にかかって死んだのもキプロスの野であった。人形に恋した男ピグマリオンの物語の舞台もキプロス島である。

「九千年では足りない、キプロスは一万年の歴史の島だ」

と言うキプロス人もいる。島の南北の海岸で発見される人類の集落の跡は、新石器時代、紀元前七〇〇〇年頃のものとされる。アナトリアの集落跡で最古とされるのは、古都コンヤから近いチャタル・ホユックの遺跡だが、それでも紀元前六〇〇〇年といわれている。南海の島キプロスは太古から人間が住みやすい土地だったのだろう。

植民によるギリシア化

ペロポネソス半島からミケナイ人がこの島に植民してきたのは、紀元前一四〇〇年頃とされている。アナトリアのエーゲ海沿岸すなわち古代イオニア地方に、ギリシアからの植民が盛んになったのは紀元前七〇〇年頃だから、キプロスへの植民はそれより遥かに早かったわけだ。現在のイスタンブールに、メガラ（ギリシア中東部の都市国家）のビザスという者がデルフォイのアポロンの神託を受けて植民し、そのため、この土地がビザンティウムと呼ばれるようになったのは、よく知られた話だが、それも紀元前六六七年のことである。

ミケナイ人はクレタ島のミノア文明が衰退した後、ペロポネソス半島にエーゲ海文明を花開かせた人々である。かのトロイ戦争のギリシア軍の総大将アガメムノンはミケナイの王であった。キプロス島に住みついたミケナイ人はパフォス、サラミス、キティオンなどの都市国家を築いた。彼らはなぜはるばるとキプロス島にやってきたのか。アジア、ヨーロッパ、アフリカの三大陸の十字路に位置するこの島の戦略上の位置が魅力だったのか。あるいは、すでに採掘が始まっていた銅に惹かれたのかもしれない。いずれにしろ、キプロス島のヘレニズム化、ギリシア化が始まったのはこの頃である。

紀元前十二世紀になると、ペロポネソス半島の北部からアカイア人が植民してきた。言語、宗

「ヴィナスの誕生」ボッティチェリ作　ウフィッツィ美術館蔵

教、慣習など、この島のギリシア化はさらに進んだ。紀元前十一世紀には彼らの築いた都市国家は十か国に達した。

「ギリシア人はね、キプロスはもともとギリシア人の島だったと言うけどね、ギリシア人がキプロスに植民したのは紀元前の話だぜ」

と、友人のトルコ人が笑って言った。

「ビザンティンの支配だって十二世紀の初めには終ってるんだ」

その後はフランス人やヴェネツィア人に支配された後、十六世紀末から十九世紀末までの約三百年間、キプロスはオスマン帝国の領土だったと、トルコ人は言いたいのだろう。

紀元前九世紀になると、東方からフェニキア人がやってきて、現在のラルナカの近くのキティオンに住みついた。フェニキア人とはシリアの地中海岸に都市国家を築いていた民族で、〝海の民〟と言われるように航海術と交易に長けていた。彼らがこの黄金の島を見過ごすはずはなかった。島は繁栄の時代に入った。

紀元前八世紀に入ると、またしても新しい侵略者たちが現れた。チグリス川の上流に発し、ヒッタイトを滅ぼしてやってきたのはアッシリアである。エジプトも来た。全オリエントを支配して中央集権国家を確立したペルシアのダレイオス大王も来た。

紀元前三三四年、西方から怒濤のごとく押し寄せてきたのは、言わずと知れたマケドニアの神がかり青年王アレクサンドロス大王である。キプロスは大王を歓迎し、アナトリア同様、大王の帝国の領土となった。

アレクサンドロスが志半ばでバビロンで夭折すると、大王配下の部将たちが領土をめぐって相争うことになった。ヘレニズム時代である。

部将の一人プトレマイオス将軍は紀元前三〇五年、エジプトを支配下に入れ、プトレマイオス一世として王朝を築き、首都をアレクサンドリアに定めた。プトレマイオス王の弟メネラウスがキプロス島を征服し、全島がプトレマイオスの属州となり、パフォスが州都となった。プトレマイオスは王族の一人を総督としてキプロスに派遣した。

パフォスの海辺の古代遺跡にいまも残る「王家の墓」は、この一族の人々の埋葬地と考えられている。

紀元前五八年、キプロスはローマの一州となった。紀元前三〇年、プトレマイオス朝の最後の支配者クレオパトラ七世がローマに屈し、アントニウスの後を追って自害した。

ローマ支配時代、キプロスには港や道路や水道橋が造られた。都市は寺院や市場や劇場で飾られた。都市間を結ぶ道路が整備されたのもこの時代である。とりわけファマグスタの北部にあったサラミスは、銅、オリーヴ油、小麦、ワインなどをローマに輸出して大いに繁栄した。パフォスの海辺にひろがる広大な遺跡からも、ローマ時代のみごとなモザイクが大量に出土している。

ファマグスタを訪れたとき、私はタクシイを雇ってサラミスの遺跡まで足をのばした。古代都市の繁栄の跡を見てみたかったのだ。大理石の円柱が林立する遺跡は、いまは打ち捨てられたように人影もなく、海辺の輝かしい陽光の中で森閑と静まりかえっていた。

聖パウロの伝道の旅

イエス亡き後、キリスト教の伝道に最も力を尽くしたとされる十二使徒の一人、聖パウロは、アナトリアの地中海岸の町タルソスの生まれとされているが、キプロス人は聖パウロの生誕の地はサラミスだと言う。いずれにしても、パウロはユダヤ教の信者であり、キリスト教徒の迫害にも加わっていたが、キリストの復活を信じて改宗したのである。彼は聖バルナバとともに、三度、福音を伝える長旅に出ている。キプロス島を東から西へ旅し、最後に訪れたローマで、暴君ネロの迫害に会い、彼の地で斬首され殉教した。

サラミスには「聖パウロの木」と呼ばれるオリーヴの木がある。聖パウロと聖バルナバが伝道の旅の途中、ここで弁当を使った後、捨てたオリーヴの種が芽を出したのだという。これはいくらなんでも、眉唾であろう。彼らがキプロスを旅したのは紀元四〇年代のことである。オリーヴの木が二千年も生命を保つとはとても思えない。

だが、私はこの伝説が気に入っている。お弁当を食べ終って満腹した聖なる使徒が「ああ、うまかった」と、オリーヴの種を草原に放り投げる姿を想像するだけで楽しい。

聖パウロはパフォスを訪れたとき、当時、キプロスに赴任していたローマ人総督セルギウス・パウルスを改宗させている。キプロスがキリスト教徒の統治した最初の土地と言われるゆえんである。

パフォスで、「聖パウロの柱」と呼ばれる石柱を見た。標示がなかったら見過ごしてしまいそうな、背の低い古びた石柱だが、聖パウロがこの柱に繋がれて、鞭打ち三十九回の刑を受けたのだという。当初は島民の反感を買ったのだろう。

鞭打ち三十九回にも諸説あって、先が十三本に分かれた鞭で三回打たれたという説と、三十九本の鞭を束ねたもので一度だけ叩かれたという説もある。

初期キリスト教時代の史跡や伝説が残っているのも、キプロス島の魅力のひとつであろう。

ビザンティンの支配と衰退

ローマのコンスタンティヌス大帝が現在のイスタンブールに遷都し、コンスタンティノープルと名づけたのが三三〇年、アナトリアがローマの属州になると、キプロス島もローマ帝国の支配下に入り、キリスト教が国教となった。

その後まもなく、キプロスは二度の大地震に見舞われたが、ローマ皇帝コンスタンティウス（三三七～三六一在位）はサラミスの町を再建してキプロスの首都とし、コンスタンティアと名づけた。

四世紀末、ローマ帝国が東西に分裂すると、キプロスも自ずから東ローマ帝国の領土となった。七世紀から九世紀頃のキプロスは、度重なるアラブ人の襲撃に悩まされていた。アラブの海賊は海辺の集落を襲い、略奪した。住民は難を避けて内陸へ内陸へと移動した。島都ニコシアが島のほぼ中心に位置するのも海賊の襲撃を避けてのことである。

六四七年、サラミス、すなわちコンスタンティアの沖に、千七百隻の艦船が突如、姿を現した。

シリアのダマスカスを首都とするウマイヤ朝のムアウイヤの艦隊であった。住民たちは震え上がり、町を捨てて、つい南のファマグスタへ逃れた。

メッカのウマイヤ家出身のムアウイヤは、第四代正統カリフ（ムハンマドの後継者）のアリからカリフの称号を奪って、ウマイヤ朝を創始した人物である。ダマスカスからはるかに遠いコンスタンティノープルを二度にわたって包囲しているムアウイヤにとっては、つい目の前のキプロス攻めなど朝飯前であったろう。サラミスは略奪され、放火され、荒廃した。それ以来、サラミスの都市跡は南国の太陽に曝され、緑に包まれて眠りつづけている。

だが、ビザンティン帝国もやられてばかりではなかった。アナトリアとキプロス島からアラブ人を駆逐した気概ある皇帝もいた。ニケフォロス二世（九六三～九六九在位）である。

十一世紀には、島にいくつかの山城が築かれ、キプロスはアラブの襲撃に備えて、次第に要塞化していった。キレニアに近い聖ヒラリオン城など、いまもその城跡をとどめている。

十世紀末から十一世紀、アナトリアに大きな変化が起こった。中央アジアから侵入してきたトルコ族がじわじわとアナトリアのほぼ全土を征服し、コンヤを首都に、セルジュク帝国を樹立したのである。アナトリアは急速にトルコ化し、一二九九年にはアナトリア西北部を基盤にオスマン帝国が誕生した。オスマン帝国は着実にその領土を拡張していったが、キプロス島にはまだ興味を示していなかった。

ビザンティン末期、コンスタンティノープルがオスマンの勢力に包囲された状態になると、キプロスは首都から隔絶された。十一世紀末から十字軍の遠征が始まると、島の周辺もあわただし

聖パウロが繋がれて、鞭打ちの刑に処されたという石柱。
（パフォス）

ガジマーウサ（ファマグスタ）近郊にいまも残るサラミスの遺跡。

くなってきた。それでもキプロスは、名目上はビザンティンの領土であり、首都から送られた総督に統治されていた。

だが、十一、二世紀のキプロス島内はまだ、おおむねのどかな繁栄の時代にあった。島の各地に美しい教会や修道院が建てられたのはこの時代である。

III　リュージニャン朝からヴェネツィア、オスマンの支配へ

トルコの台頭と十字軍

ビザンティン帝国末期の最大の敵は、言わずと知れたトルコ族であった。中央アジアからアナトリアにぞくぞくと侵入してきたトルコ族は、十一世紀には中部の町コンヤにセルジュク朝を築いたばかりか、エルサレムまで攻略してしまった。ビザンティン帝国はじわじわと追いつめられ、遠隔の地キプロス島まで統治力が及ばなくなってきた。

トルコ族とはそも何者か。トルコ人の祖先をたどると、紀元前三世紀、中国で覇を唱えた匈奴《きょうど》に至るといわれる。この匈奴がアルタイ山麓にいた遊牧民族、丁零《ていれい》を従属せしめた後、南下した。彼らが確かにトルコ人の祖先であったかどうかは断定できないが、時代をへるにつれ、トルコ系の人々は中央アジアの草原地帯にひろがっていった。

トルコ人の祖とされる部族「突厥《とっけつ》」が国家を築いたのは六世紀中期であった。勢力を得て拡大した突厥はビザンティン帝国に使節を送り、交流を持つまでになったが、八世紀中頃には同じト

ルコ系のウイグル国に滅され、やがてウイグルも滅亡する。その間にも、トルコ系の人々は草原から草原へ、じわじわと西進をつづけていた。

いまでもトルコ人たちは、自分たちの故郷は中央アジアだと言う。中央アジアの遊牧民族が西へ西へと移動して現在のトルコ人になり、東へ向かった人々が日本人になった。だから、日本人とトルコ人は同じ祖先を持つ兄弟なのだと、真顔で言うトルコ人さえいる。

西へ進むにつれ、当然、混血も進み、現在のトルコでは、われわれ日本人に似たモンゴロイド顔のトルコ人はタタールと呼ばれる少数派になってしまった。私の友人のトルコ人は、モンゴロイド顔のトルコ人を見ると、「あれがほんとうのトルコ人だよ」などと言う。

十世紀末になると、トルコ系のオグス族が勢力を得て、十一世紀にはセルジュク朝が誕生した。セルジュクとはその首長の名である。彼らはすでにイスラムに改宗していた。

かくて、テュルクメン（トルコ族）と呼ばれるようになった彼らが、以後、数百年にわたって、アナトリアを中心とする広大な地域を支配することになるのである。

アナトリアにおけるビザンティンの敗北を決定的にしたのは、東部のマンジケルトでの戦いである。一〇七一年、ビザンティンとセルジュクはこの地で激突し、ビザンティンは惨敗を喫した。ロマノス四世は哀れ捕虜となった。

十一世紀末、十字軍の遠征が始まった。聖地エルサレムを異教徒の手から奪還しようというのが十字軍の大義名分であったが、そもそもの端緒は、ビザンティン皇帝アレクシウス・コムネヌスがアナトリアからトルコ人を駆逐するために、ローマ教皇の支援を求めたことにあった。教皇ウルバン二世はこれをローマ教会の勢力拡張の手段と考えたのである。第一次十字軍によってキリスト教徒はエデッサ（現トルコのウルファ）からエジプトまでを占領し、エルサレム王国を樹立した。

アレクシウス帝の目的はもともと小アジアの奪還であったが、彼は西欧の協力を得るために「聖地奪還」を強調したのである。パレスチナを武力で征服しようという十字軍の構想など、アレクシウスの念頭にはなかった。しかし、十字軍の「聖地奪還」が、一四五三年のコンスタンティノープル陥落まで、ビザンティン帝国の露命をつなぐ結果にはなった。

キリスト教徒はイスラム教徒を人類の敵と見なし、十字軍の兵士たちはエルサレムへ行ってイスラム教徒を殺せば、天国へ行けると本気で信じていた。十字軍とはかくもむちゃくちゃな集団であった。

エルサレム征服の過程で多くのイスラム教徒とユダヤ教徒が虐殺されたことが、パレスチナ側の怒りと反撥を煽った。〝聖地解放〟などという美名のもとに殴り込んできて暴虐を行う野蛮な西欧人の意のままになっているわけにはゆかない。

その頃、エジプトではファティマ朝が衰退し、シリアのヌール・アッディーンがその座をねらっていた。第二次十字軍はイスラムの英雄ヌール・アッディーンの活躍によって失敗に終った。彼に代わって登場したのが、その補佐官だったサラディン（一一三八〜九三）である。

一一七一年、サラディンはファティマ朝を倒し、エジプトにアイユーブ朝を樹立すると、イスラム諸国を統合して聖戦に乗り出した。ちなみに、サラディンは「アラブの英雄」と言われているが、クルド人である。

一一七四年、ヌール・アッディーンが世を去ると、サラディンはイスラム最大の指導者となった。一一八七年、サラディンはハッティンの戦いでキリスト教徒軍に勝利し、さらに進んでエルサレムを奪還した。

かくてはならじ。一一八九年、キリスト教諸国は第三次十字軍を結成した。神聖ローマ皇帝フリードリッヒ一世の軍は陸路を、フィリップ二世率いるフランス軍とリチャード獅子心王率いるイギリス軍は海路をとってエルサレムへ向かった。陸路をとったフリードリッヒ王はキリキア（現トルコのアダナ近辺）で渡河中、あわれ溺死してしまった。王ばかりではない。十字軍は戦場だけでなく、遠征中にも事故や病気、過労で多くの人命を失っている。

自称キプロス王イサアキオス

キプロスは地中海のどんづまり、トリポリの真西に浮かぶ島である。エルサレムのつい北西に位置するこの島が十字軍のとばっちりを受けないはずはなかった。

当時のキプロスはまだ名目上はビザンティンの領土であり、コンスタンティノープルから総督が送られていた。ビザンティン帝国の衰退をチャンスと見たのは、獅子身中の虫イサアキオス・コムネヌスであった。彼はビザンティン皇帝マヌエル一世（一一四三〜八〇在位）の甥で、キプロスの総督として島に赴任していたのだが、コンスタンティノープルに反旗を翻し、自らキプロス王と名乗って勝手に戴冠してしまったのである。だが、ビザンティンには反逆者を討伐する余力さえもなくなっていた。

海路をとった第三次十字軍の目標は、エルサレムのやや北に位置する港町アッコン（アクレ）であった。イギリス艦隊は勇躍アッコンに向かったが、先発隊がキプロス島近くを航行中、暴風に襲われた。何隻かの船が難破し、乗組員たちは命からがらキプロス島のリマソル港に泳ぎついた。リチャード王の婚約者であるベレンガリア姫が乗った船も、嵐を逃れてリマソル港に入った。

自称キプロス王イサアキオス・コムネヌスは浅慮であった。彼はイギリス軍兵士である難破船の乗組員たちを逮捕して投獄し、リチャード王の婚約者である姫君さえ身分にふさわしく遇さなかったのである。イサアキオスはリチャード王の軍が嵐で全滅したとでも思ったのだろうか。

数日後に到着したリチャード王は怒り心頭に発した。婚約者の姫を冷遇するなど許しがたいことであった。短気とも粗暴ともいわれるリチャード王である。王の艦隊はただちにリマソルを包囲し、攻撃を開始した。旗色悪しと見たイサアキオスはたちまち降参し、リマソルの町をリチャード王に明け渡し、機を見て内陸へ逃れた。

そこに現れたのが、元エルサレム王のギイ・ド・リュージニャンという者であった。

「われらがイサアキオス討伐の助太刀つかまつりましょう」

ギイはもともとフランスはノルマンディ出身の騎士で、十字軍の一員としてエルサレムに来たのである。

エルサレム王国のボードワン四世はハンセン病のため子を持つことができなかったので、妹のシビルをしかるべき男に嫁がせて、王位を継承させるつもりでいた。シビルは若くして未亡人となり、幼子を抱えていた。ところが、シビルはフランスから来た騎士ギイ・ド・リュージニャンと恋仲になったので、ボードワン王はしかたなく二人を結婚させたのである。ギイがシビルにうまく取り入ったのか、それとも見初められたのか、いずれにしろ〝逆玉〟ではあった。

ボードワン四世は傲慢で軽薄なギイが気に入らなかったが、やむなく彼を摂政に任じ、シビルの亡夫の子を王位継承者に指名した。ボードワン四世が逝くと、まだ六歳のシビルの子がボードワン五世として戴冠したが、幼王はその数か月後に世を去った。かくて、一一八六年、ギイ・ド・リュージニャンはエルサレムの王位に就いたのであった。

ところが、即位後まもなく、ギイ王は第三次十字軍とともに戦い、ハッティンの戦いでサラディンの捕虜になってしまった。キリスト教徒軍の捕虜を厳しく処刑したサラディンだったが、ギイにはなぜか寛容であった。サラディンはギイを釈放し、彼は王位に復したが、その後まもなく妻シビルに先立たれた。そうなると、貴族たちは手のひらを返した。もともと宮廷内でも人望のない男だった。

「貴君はもともと婿入りで王位に就いたのではないか」

ギイは退位を迫られた。それだけの器量の男だったのだろう。王位を追われたギイ・ド・リュージニャンはキプロス島へ渡り、リチャード王の助太刀を買って出たのである。

ギイとその配下の騎士たちは内陸に逃げるイサアキオスを追いつめた。日ならずしてイサアキオスは、愛娘をキレニア城（ギルネ城）に避難させた後、リチャード王の足下にひれ伏した。

はからずもキプロス島を征服したリチャード王は、キプロス島のリマソルの聖ゲオルギオス教会でベレンガリア姫と結婚式を挙げた。姫もほっとひと息ついたことだろう。ちなみにベレンガリア姫は、フランスとスペインの国境にあったナヴォラ王国の王女であったが、これで晴れて大英帝国の王妃となった。

瓢箪から駒のリュージニャン王朝

一件落着させたリチャード王は、イサアキオスが溜め込んだ金銀財宝を船に積み込み、島に守備隊を駐屯させて、キプロス島をあとに、アッコンへ向かった。英仏連合軍に包囲され、アッコンは落城した。アッコンが落ちると、フランスのフィリップ王はさっさと本国に引き揚げてしまった。リチャードは残ったが、兵糧がもたず、エルサレムは落とせなかった。リチャード王とサラディンの間で休戦協定が結ばれた。

一方、リチャード王がキプロスを去りアッコンへ向かった後、島では暴動が起こっていた。島民たちにしてみれば、支配者のいなくなったいまこそ主権確立のチャンスと思ったのかもしれない。島民の反抗は激しく、わずかの守備隊では到底鎮圧できるものではなかった。

この知らせを聞いたリチャード王は、キプロス島をまるごとテムプル騎士団に売り渡すことにした。遠征の片がついたら、新妻を伴って本国に帰らなければならない。大英帝国の君主たる者、いつまでもキプロス一島にかまけてはいられない。気性荒く、理論より行動を好むリチャードは、在位十年の間、本国にいたのは僅か半年であった。

テムプル騎士団とは、一一一九年、聖地への巡礼者を護衛するために結成されたフランス人騎士たちの武装集団である。騎士と修道士を兼ねる彼らは、最初のうちこそ、清貧、忠誠、貞潔を旨として任務を遂行していたが、やがてエルサレムを根拠地として東西の経済を牛耳るようになり、資産もできると、次第にひとつの政治勢力となっていった。

騎士団はリチャード王からキプロス島を十万ビザンツで買い取った（ビザンティン帝国の金貨は、この時代、ひろくヨーロッパで流通していた）。だが、彼らも島民を手なずけることはできなかった。長くビザンティンの支配を受けていた島民たちはギリシア正教を奉じていたが、テムプル騎士団は彼らをカトリックに改宗させようとしたのである。先祖伝来の信仰を棄てようとしない島民を騎士団は激しく弾圧し、島民はゲリラ活動で反撃した。

「島民の反抗には手を焼いております。まことに申しわけないが、この島をお買いもどしいただけまいか」

騎士団に懇願され、リチャードはキプロス島を買いもどしたが、短気な王はもう面倒くさくなってきたのかもしれない。一一九二年、彼はこの島を、エルサレムの王座を追われたギイ・ド・リュージニャンにぽんと与えてしまったのであった。イサアキオス討伐の謝礼という意味もあったのだろうか。

瓢箪《ひょうたん》から駒。ギイはうまうまとキプロス島の支配者の座に就いてしまった。リュージニャン朝が「十字軍の落ち武者がつくった王朝」と言われるゆえんである。

ヌール・アッディーンも、サラディンも、その気になればキプロスを征服できただろう。異教徒に征服されなかったキプロスが、同じキリスト教徒に征服されたのは皮肉といえば皮肉である。

第三次十字軍遠征の途上で
キプロスを征服した英国の
リチャード獅子心王。

サラディンはハッティンの戦いに敗れた
ギイ・ド・リュージニャンを釈放した。

戦いに疲れ、聖地からキプロスへ落ちのびてきた騎士たちもギイの傘下に入った。キプロスの支配者になったギイは西欧式の封建制度を導入し、彼に従ってきた貴族たちに領土を授けた。ひと握りの西欧人が支配階級となり、ギリシア系島民は農奴になりさがった。

その二年後の一一九四年、ギイは没し、弟のアモウリイがその跡を継いだ。ギイ・ド・リュージニャンという男の生涯は、ついていたのか、いなかったのか、どうもよくわからない。

アモウリイはギイより慎重な男であった。彼はすぐに根まわしを始めた。一一九七年、彼は神聖ローマ帝国のハインリッヒ六世から王冠を得て、晴れてローマ公認のキプロス王となったのである。そのうえ、この抜けめない男は、エルサレム王国の女王になっていた、シビルの異母妹で美女の誉れ高いイザベルと結婚し、エルサレム王の座も手に入れてしまった。そして、このリュージニャン朝が三百年もつづいてしまったのだから、歴史とはまさに偶然の積み重ねである。リュージニャン朝はローマと交流を持ち、島民が奉じるギリシア正教は弾圧された。

その一方で、この時代には島の各地に美しい教会が建てられた。現在、北キプロスの観光名所になっているギルネ郊外のベラ・パイース修道院も、レフコシャのアヤ・ソフィア教会（現在のセリミエ・モスク）も、ガジマーウサの聖ニコラス大聖堂（現在のララ・ムスタファ・パシャ・モスク）も、リュージニャン時代に建てられたものである。この島を美術史的に見れば、リュージニャン時代が最も豊かな時代だったともいえるだろう。

リュージニャン朝三百年の間にはお家騒動もあったし、外敵の攻撃も絶えなかった。それでも持ちこたえてきた王朝が終焉の日を迎えることになったのは、ヴェネツィアから一人の少女が輿《こし》入《い》れしてきたことに端を発していた。

リュージニャン朝の繁栄と凋落

キプロス島の東端の町ファマグスタ（ガジマーウサ）を大都会に成長させたのは十字軍であった。エルサレム王国誕生後、ファマグスタは巡礼者や商人たちが聖地を往復する際の中継地になった。巡礼者を守るのが本来の仕事だった十字軍は、この港町をその拠点としたのである。

リュージニャン朝のアンリ二世（一二八五〜一三二四在位）は、シリアやパレスチナからこの町に流入してくるキリスト教徒に門戸を開いた。彼らは建築や工芸の職人が多かったから、都は華やかに彩られて活気づき、急成長を遂げた。ファマグスタは東と西を結ぶ交易センターとなった。たちまち利に聡《さと》いジェノアやヴェネツィアの商人たちが移住してきた。町には商館が立ち並び、ファマグスタは期せずして世界でも有数の裕福な都市になった。

「ファマグスタのある貴族は世界一の金持ちであった。彼の娘はフランス王より多くの宝石を持っていた」

という記録もある。ファマグスタではヨーロッパ人も中東人も混然と暮らし、町は活気に溢れていた。多くの教会も建てられた。

リュージニャン朝の最盛期はピエール一世（一三五九〜六九在位）の治世だった。彼の悲願はエルサレム王国を再建することにあった。一二六九年からキプロス王はエルサレム王を兼ねていたが、実態は名目だけになっていたのである。一三六二年、彼はエルサレム王国再建のための支援を求めてヨーロッパ諸国を歴訪した。

「エルサレムを異教徒の手から奪還することが、いま、キリスト教徒の責務でありましょう」

ピエール王は力説したが、西欧はすでに十字軍への熱意を失っていた。エルサレムは遠く、略奪は所詮、虚しい行為であった。

三年後、ピエール王はヴェネツィアから来たわずかの兵とともに、聖ヨハネ騎士団の助力を求めてロードス島に渡り、イスラム教徒の拠点であるエジプトのアレクサンドリアを襲撃した。しかし、エジプトのマムルーク朝の兵は手ごわく、ピエールの軍は得るところなく帰国した。

西欧人はすでに戦いより東方との交易を望んでいた。

「血を流すより交易によって利を得たほうがよいではないか。ひとまず和睦を」

と、教皇ウルバンに勧告されたピエール王の目はアナトリアへ向けられた。

当時、アナトリアはその東南端のアルメニアを残して、ほとんど全土をトルコ人に制圧され、アルメニアはピエール王に助けを求めていた。ピエールはアルメニアに攻め入りつつあったカラマン・トルコ軍に、弟であるアンティオキア公の軍を差し向けた。カラマン・トルコはセルジュク朝から出た君侯国で、当時、中央アナトリアで勢力を拡大していた。虚を衝かれたカラマン・トルコ軍は敗退した。その間、ピエール王はエジプトに圧力をかけるため、シリア海岸を攻撃し、略奪した。エジプトとの講和条約は結ばれたが、一三六九年、ピエールは何者かに暗殺された。

思えば、あわただしくも虚しい十年の治世であった。

彼の若年の息子のピエールがピエール二世（一三六九〜八二在位）として戴冠した。だが、その式場で事件が起こった。ジェノア人とヴェネツィア人のどちらが新国王の乗った馬の手綱を取るかということで両者が争い、激しい口論になったのである。商業都市として繁栄するファマグスタにはジェノアとヴェネツィアの商人たちが多く住みつき、それぞれコミュニティをつくって対立していたのだが、両者の確執が一挙に噴出したのである。

最初に暴挙に出たのはヴェネツィア人であった。ヴェネツィア人にはキプロス人の支持を得ているという自負があった。住居を破壊され、数人の死者が出るにおよんで、ジェノア人の怒りが爆発した。もはや手綱の問題ではなくなった。本国ジェノアから軍が派遣され、攻撃が始まった。ジェノアの敵はヴェネツィア人からキプロスを統治するリュージニャン朝にすりかわっていた。キプロス人はもともとヴェネツィア側に好意的であったから、ジェノア側にはそれがキプロスを攻めるよい口実になったのである。幼い新王ピエール二世は捕虜となり、その母后エレノアはキレニア城に籠って、ジェノア軍の攻撃に耐えた。

一三七四年、条約が結ばれ、ピエール二世は王座にもどったが、ファマグスタの町はジェノアの支配下に置かれたままになった。王の叔父ジャックは、ジャック一世として王位に就く一三八二年まで、ジェノアで人質になっていた。

これがけちのつきはじめとなって、リュージニャン王朝が昔日の勢いを取りもどすことはなかった。十五世紀に入って、キプロス軍はエジプトを襲撃したが、これも大失敗だった。怒ったマムルーク軍がキプロスを急襲し、島都ニコシアを略奪、降伏したキプロスに年貢を課したのである。

「私生児ジャック」王位に就く

王位をめぐる王室内の陰謀も王朝の衰退に拍車をかけた。

一四五八年、ジャン二世は一人娘のシャルロッテと妾腹の息子ジャックを残して死んだ。

「キプロスの王位は娘シャルロッテに継がせるように」

というのがジャン二世の遺言であった。女王となったシャルロッテはまだ十六歳であったが、すでにポルトガルの王子と結婚して未亡人になり、従兄のルイと婚約中であった。先王ジャンは兄妹の間で王位継承争いの起こらぬよう、生前、シャルロッテの二歳上の異母兄ジャックにはニコシアの大主教の座を約束しておいた。宗教界のトップの座に据えておけば、妹の王位を脅かすことはないはずと考えたのだろう。

しかし、女王となったシャルロッテは異母兄の存在が気になってならなかった。

「お兄様のご気性はよく知っている。あの方は野心家だもの。王位をねらっておいでに決まっている」

若い女王は異母兄の逮捕を命じた。だが、ジャックにはそんなことは予想できていた。十八歳の若者は数人の側近を従え、夜陰に乗じて小舟でキプロスを脱出した。その行先はエジプトであった。キプロスの王子はなんと、年貢を取りたてられているマムルーク朝のスルタンに面会を求めたのである。

彼はマムルークのスルタンに事情を説明したうえで提言した。

「陛下は女が王位に就くよりも、庶子とはいえ男であるこの私が王位に就くのが当然とは思われぬか。私が王位を得た暁《あかつき》には、貴国エジプトのために、キプロスはあらゆる便宜を図らせていただこう」

スルタンはこの大胆不敵な若者が気に入ったようである。

「さよう。王位は男が継ぐのが当然じゃ。わが王朝では庶子であっても、王位継承権はあるぞ」

スルタンは破顔して応じ、彼を宮廷に招じ入れた。

一四六〇年、カイロで英気を養ったジャックはマムルークの兵士を載せた八十隻の船を率いて、異母妹シャルロッテが統治するキプロスに攻め入った。シャルロッテ女王は一時、キレニア城に軟禁されたが、その後、ロードス島へ逃れ、さらに教皇をたよってローマへ亡命した。彼女の夫ルイは故国サヴォイアへ逃げ帰ってしまった。

一四六〇年といえば、オスマン帝国の若きスルタン、メフメット二世がコンスタンティノープルを征服した七年後のことである。オスマン帝国は日の出の勢いであったが、その勢いはまだキプロスにまでおよんでいなかった。

キプロス人たちはこの丈高く、容姿優れた二十歳の新国王を歓迎した。島民たちは親しみを込めて、彼を「私生児ジャック」という渾名《あだな》で呼んだ。シャルロッテ女王夫妻は施政者としてあまり人気がなかったようである。

ヴェネツィア貴族の娘、女王となる

ジャック二世となった新国王は、衰退してきたジェノアからファマグスタを奪還して国民の喝采を浴びた。

即位から十年、三十歳になった独身の国王に、キプロス在住のヴェネツィアの名門貴族アンドレア・コルネーロが接近してきた。

「陛下のお妃さまにふさわしい娘がおります。不肖私の姪の十六歳の娘で、ただいま修道院で教育を受けておりますが、美しく賢く、気立てもよく、もちろん純潔でございますうえ、十万デュカットの持参金も用意しております」

ジャック二世は、ヴェネツィア貴族の娘との縁組をキプロス王国にとって有利な話と捉えた。アナトリアに拡大するトルコを横目に見て、ヴェネツィアと親交を結んでおけば、まさかのときに心強いと思ったのかもしれない。

二年後、ヴェネツィアの箱入り娘カテリーナ・コルネーロは、はるばると南海の島国の王のもとへ嫁いできた。カテリーナは十八歳になっていた。長い船旅の間、乙女の胸にはどんな想いが去来していたことだろう。美丈夫と聞く、まだ見ぬ夫に想いをめぐらせていたのだろうか。

一四七二年、ヴェネツィアから来た花嫁カテリーナとジャック王はファマグスタの聖ニコラス大聖堂で盛大な結婚式を挙げた。コンスタンティノープルでは念願の都をわがものにしたメフメット二世が、荒廃した街を着々と整備し、新たな出発を果たした帝国の礎を築きつつあった。

カテリーナとの結婚はリュージニャンにとって致命的な誤りだった。結婚の翌年、王は三十三歳の若さで世を去ったのである。陰謀の匂いが濃厚な王の死であった。王の忘れ形見の乳飲み子がジャック三世として即位した。ところが、この幼い新王もあっというまにみまかったのである。これはもう、明らかに謀殺というほかない。

夫と息子を相次いで失い、わが身が政略の具であることを知ったカテリーナの悲嘆と懊悩《おうのう》はいかばかりであったろう。だが、カテリーナは健気にも言った。

「夫と息子に代わって、私がキプロスの女王になることが必要なら、私は全力を尽くしてその任を果たしましょう」

ヴェネツィアの深窓の令嬢だったカテリーナは、十九歳という若さで王冠を戴き、それから十五年間、女王としてキプロスに君臨したのである。

ヴェネツィア共和国の容喙《ようかい》はカテリーナの即位直後から当然のごとく始まった。コルネーロ家の者たちがヴェネツィアの意を体してカテリーナを説得したのである。

「女王陛下の祖国はヴェネツィアのはず。祖国を愛しておられるのなら、キプロスの統治権を祖国に譲られるのが当然ではございませんか」

一四八九年、カテリーナはついに説得に屈した。彼女は結婚式を挙げたファマグスタの聖ニコラス大聖堂で、自ら王冠を脱いだ。リュージニャンの国旗が降ろされ、王宮の塔に、緋色に金でサンマルコの獅子を描いたヴェネツィアの国旗が掲げられた。カテリーナはどんな想いで、わが王国に掲げられた故国の国旗を眺めたことだろう。運命に翻弄されたヒロインは十七年ぶりに祖国に帰った。島の人々は、この不遇の女王に同情的であったという。

故国に帰った〝愛国者〟カテリーナは〝女王〟として厚遇された。ヴェネツィア北部の町アゾロに領土を与えられ、多くの従者にかしずかれて、安楽な二十年を送り、五十六歳で死んだ。ヴェネツィアの聖サルヴァドール教会の翼廊内壁には、ヴェネツィアの総督に王冠を手渡すキプロス女王カテリーナ・コルネーロのレリーフがある。

帰国後の彼女の肖像画は、肥満気味で、美女とは言いがたい姿だが、彼女の名誉のために言えば、若き日のカテリーナは輝くような美少女だったという。

ヴェネツィアがそれほどまでにキプロスを欲しがった理由としては、この島が造船に必要な木材に恵まれていたこと、また、東方貿易の拠点として繁栄していたことなどが挙げられる。だが、ヴェネツィアはマムルークがリュージニャンに課していた年貢を肩代わりして支払わされ、マムルークがオスマンに征服された後は、オスマンに年貢を支払うことになった。キプロスを獲得した結果、ヴェネツィアにはどれだけの利するところがあっただろうか。すでにオスマン帝国の脅威はすぐそこまで迫っていた。

オスマン軍、キプロス島を征服する

オスマン朝は一二九九年、マルマラ海に近い町ブルサ（古名プロウサ）に誕生したとされている。いまは温泉とシルクの町として知られるブルサだが、トルコ人たちはこの町をオスマン帝国発祥の地と呼ぶ。

その創始者オスマンは七十名ほどの小集団を率いる族長に過ぎなかったともいわれる。いずれにしろ、モンゴルに追われ、西へ西へと移動してきたテュルクメン（トルコ族）の中の遊牧集団であった。

遊牧民は農耕を行わないから、牧草地を獲得するために定住民を襲撃する必要があった。テュルクメン遊牧民は戦士集団を持ち、戦士は「ガジイ」と呼ばれていた。ガジイとは「イスラムのために戦う戦士」という意味である。オスマンはそのガジイの長であった。いまでもトルコ人はこのオスマン朝の創始者を、敬意をこめて「オスマン・ガジイ」と呼ぶ。

強大になってくるオスマンを制圧すべく、ビザンティンは軍を送ったが、勢いに乗るガジイたちにたちまち蹴散らされた。一三二六年にオスマンが没すると、息子のオルハン・ガジイが首長となり、さらに征服をつづけ、領地を拡大していった。オルハンはイズニック（ニカエア）、イズミット（ニコメディア）、ユスキュダル（スクタリ）を征服、さらに東欧に進出してテサロニキ（サロニカ）まで抑え、コンスタンティノープルを文字どおり包囲してしまった。統治の中枢である首都も、ブルサからトラキアのエディルネ（アドリアノープル）に移された。

コンスタンティノープル危うしというとき、東方から突如、現れたのが、草原の英雄ティムールであった。一四〇二年、アンカラ近郊で、オスマンの電撃王と呼ばれたスルタン・バヤジットの軍がティムール軍に破れ、スルタン自身が虜囚の身のまま没したときには、オスマン帝国ももはやこれまでと思われたが、オスマンは滅びなかった。空位時代をへて、皇子たちが相争う中から新スルタン、メフメット一世が誕生した。奇跡に近い復活は、オスマン家に神の後ろ楯があったようにさえ思わせる。

このメフメット一世の孫がコンスタンティノープルを征服したメフメット二世である。

キプロスの島民にとっては、支配者がリュージニャンからヴェネツィアに変わっても、よいことはまるでなかった。ヴェネツィアはキプロスを植民地として重税を課した。ギリシア系島民は相変わらず封建制度下の農奴として搾取されつづけていた。

ヴェネツィアはただちに島の要塞化に着手した。ファマグスタとニコシアの市街は堅固な城壁で囲まれた。厚い土壁を築き、それを石で蔽うのが当時の城壁である。キレニアの城も外壁が築かれ、ヨーロッパの最新技術を使った砲撃用の塁壁も造られた。

だが、すべては虚しかった。オスマン帝国のスルタンから降伏を促す最後通牒が届いたのは一五七〇年であった。時のスルタンは名君シュレイマン大帝の子、セリム二世である。このスルタンは〝酒飲みセリム〟と渾名されるほどの酒好きであったから、

「スルタンはうまいワインが飲みたくて、キプロス攻撃を始められたのかも知れぬな」

などと、イスタンブール市民は陰口した。ちなみに、キプロスはいまもワインの生産が盛んで、毎年、南キプロスのリマソルで行われるワイン祭りは世界に知られている。

シェイクスピアの悲劇『オセロー』では、その冒頭に、キプロス攻撃に向かったトルコ軍の船が嵐に会って沈没し、ヴェネツィア側が大喜びする件りがあるが、史実はまったく違う。嵐など起こらなかった。ララ・ムスタファ・パシャ（将軍）率いる七万のオスマン軍は、敵の虚を突い

ヴェネツィアの総督に王冠を手渡す、
キプロス女王カテリーナ・コルネーロ。
（ヴェネツィアの聖サルヴァドール教会翼廊内壁のレリーフ）

ガジマーウサ（ファマグスタ）に残る聖ニコラス大聖堂(現ララ・ムスタファ・パシャ・モスク)。

キプロスをヴェネツィアから奪取したオスマン帝国のセリム二世。

て島の南側のリマソルから上陸し、ニコシアを包囲した。

ヴェネツィア軍は本国からの援軍を信じていた。必ずや援軍が駆けつけオスマン軍を蹴散らしてくれるに違いない。ニコシアのヴェネツィア軍は六週間抵抗をつづけたが、結局、降伏し、略奪された。その過程で二万人の住民が命を落としたといわれる。

キレニアは戦わずして降伏し、最後の砦はファマグスタであった。ニコシア陥落はヴェネツィア本国にとっても衝撃であったが、ファマグスタは容易には落城しないと思われていた。一五七〇年十月、ララ・ムスタファ将軍の軍はファマグスタを包囲した。冬に入るとオスマン軍は一時引き揚げたが、翌年、ファマグスタはふたたび包囲された。冬季の一時停戦は当時の戦いの慣習である。

ヴェネツィア軍の指揮官マルコ・アントニオ・ブラガディーノは頑強な男だった。彼はララ・ムスタファ将軍の降伏の勧告書に対しても、「まもなく本国から艦隊が到着し、おまえらを撃退する。その暁《あかつき》には、おまえに、濠を埋めた土を背負わせ、わが馬前を歩かせてやる」と応じた。これがララ・ムスタファ将軍を怒らせ、ブラガディーノの哀れな最後を導く要因となった。

翌春の包囲から四か月、ついにヴェネツィア軍の城塔に白旗が掲げられた。食糧が底を尽き、猫も驢馬も食べ尽くしたのだった。八月一日、ヴェネツィア軍の指揮官マルコ・アントニオ・ブラガディーノとララ・ムスタファ将軍の間で降伏の条件が話し合われ、合意された。だが、ヴェネツィアの騎士ブラガディーノはどうにもプライドが高過ぎた。

「ヴェネツィアの名門出のこのおれが、トルコ人ごとき蛮族に屈するとは……」

という思いがあったのか。彼は会談の席で敗軍の将の身であることを忘れて不遜な言辞を弄し、ララ・ムスタファ将軍の怒りを買ってしまったのである。ブラガディーノは〝皮はぎ〟の刑に処され、おもだった将官たちも処刑された。

ヴェネツィア側の記録によればであるが、ブラガディーノの処刑はすさまじいものだったという。耳と鼻をそがれたうえ、彼自身が言ったように、土を詰めた重い袋を背負って城壁の上を歩かされ、ムスタファ将軍の前で地面に接吻させられ……最後は大聖堂わきの円柱に縛りつけられて、生きながら皮を剝がれた。しかも、その皮に藁を詰めた人形がつくられ、その人形は市中引きまわしのうえ、軍艦の帆桁《ほげた》に下げられ、最後はイスタンブールのスルタンに献上された。その後、一六五〇年、その皮は盗み出されてヴェネツィアに送られ、教会に収められたというのである。

かくて八十年のヴェネツィア統治は終り、三百年におよぶオスマンの時代が始まったのである。

Ⅳ　英国植民地時代から、キプロス共和国の誕生と分裂

オスマン支配時代のキプロス

キプロス島は初めてイスラムの支配下に入った。オスマン帝国の支配は島民たちに歓迎された。オスマン政府は税金さえ支払えば、信仰の自由を認めたからである。

キプロスに限らず、オスマン政府は被征服者たちに改宗を強要しなかった。これにはオスマンの寛容さというよりは、〝異教徒税〟を取り立てたほうが得だという計算があったようだ。

オスマンの総督はラテン教会をモスクにし、正教会を修復再建させた。農奴だった者が土地を所有し、相続することができるようになった。

トルコ人がラテン教会よりギリシア正教会を厚遇したのは当然である。パレスチナでイスラム教徒と戦った十字軍は、ローマン・カトリック教徒だったのだから。ちなみに、ラテン教会とはローマ教皇に認められたローマン・カトリック教会であり、ギリシア正教会はコンスタンティノープルに総主教座を置いている。

しかし、島民の喜びもつかのまだった。地方総督として本土から赴任してきたパシャ（高官、

将軍）たちが、私利私欲のために島民から税金を搾取しはじめたのである。

当時のキプロスの人口は十五万。大半がラヤと呼ばれる非イスラム教徒のギリシア系農民で、トルコ本土から入植してきたトルコ系住民は三万ほどであった。最高位の施政者はニコシアの総督であり、その下にパフォスの総督とファマグスタの総督が置かれていたが、このパシャたちが中央政府から遠隔の地にあるのをよいことに、島民から税を搾り取ることに熱中したのである。スルタンは正教会のキプロスの大主教をギリシア人社会の指導者と認め、その下の主教たちに徴税責任と特典を与えたのだが、彼らもまた、トルコ人行政官と組んで権力と富を求めはじめた。

オスマン支配時代、キプロスの交易と産業は衰退した。トルコ本土からの植民もあったが、ペストや飢餓の影響もあって、十七世紀中葉には島の人口は二万五千にまで減少した。

十七世紀のオスマン帝国はまだ栄光の中にあった。いまも壮麗な姿でイスタンブールを訪れる観光客を魅了しているスルタン・アフメット・モスク（ブルー・モスク）は、一六一六年に建てられたものである。

だが、この頃、キプロス島はイスタンブールの華やぎとはほど遠い、帝国の僻地であり、ロードス島と並んで反逆者たちの流刑地になっていた。

十八世紀初頭のオスマン帝国は「チューリップ時代」と呼ばれるルネッサンスの時代だった。スルタン・アフメット三世はトプカプ宮殿の庭にチューリップ園を造り、美術や手工芸の世界でもヨーロッパ的なデザインが流行した。だが、対外的には、オーストリアのハプスブルク王朝との戦いでベオグラードを失い、攻撃より守備の時代に入っていた。

この頃、キプロス島は帝国政府の最高権力者である大宰相の領地になったが、島は相変わらず僻地のままであった。しかし、三百年におよぶオスマン支配時代は、トルコとギリシアの二民族が平和に共存した時代でもあった。これは注目に価することだろう。

ときには優れた施政者も現れた。十八世紀中葉にキプロス総督の任に就いたアブー・ベクル・パシャは、島の公共施設の充実に努め、私財を投じてラルナカに水道橋を築いた。この水道橋はその後二百年間、その役目を果たし、いまもラルナカの街はずれに昔日の姿をとどめている。

また、島の各地にいまも残る多くのモスクやハン（宿泊所）、ハマム（公衆浴場）なども、オスマン統治時代の遺産である。

十九世紀に入り、ヨーロッパの近代化に乗り遅れたオスマン帝国が凋落の坂を転げ落ちはじめると、ロシアの黒海沿岸の町オデッサに、ギリシア人たちによる「フィリキア・エテリア」（友愛会）という組織が生まれた。ギリシア独立運動の萌芽である。トルコ人をギリシアから駆逐しよう、オスマン帝国を粉砕し、「聖なる父祖の地」コンスタンティノポリスを奪還しようというのが、この組織のスローガンであった。運動はギリシア本土からアナトリアにまでじわじわと波及してきた。

一八〇八年、イスタンブールでは「改革派スルタン」と呼ばれたマフムート二世が即位した。イエニチェリ（近衛親衛隊）制度を廃止するなど、強力に近代化を推進したのが、このマフムート二世である。かつてはオスマン軍の華と謳われたイエニチェリも、この頃には堕落し果て帝国の癌と化していたのである。

スルタン・マフムートは山積する問題の中で、「ヤニナのライオン」ことアリ・パシャに、とりわけ手を焼いていた。ギリシア西北部の町ヤニナ（現ヨアンニナ）を拠点として権勢を振るっていたアリ・パシャは、建前はスルタンの臣下であったが、実際はアルバニアからギリシア北部の支配者として、オスマン政府に反抗しつづけていたのである。

「もう容赦はならぬ。あの者をただちに成敗せよ」

一八二〇年、スルタンはアリ・パシャの討伐を命じた。アリはヤニナに籠城し抵抗をつづけたが、二年後に息子ともども首を打たれた。ギリシアではいまもアリ・パシャはギリシア独立運動の英雄とされている。

ギリシア独立運動の波及

ギリシア本土の反乱は燎原《りょうげん》の火のごとくひろがった。ペロポネソス半島では多くのトルコ人が無差別に虐殺された。暴動のニュースは次々にイスタンブールに届いた。そんなとき、さらに聞き捨てならない情報がマフムート二世の耳に達した。

「イスタンブールのグレゴリオス総主教は独立運動の指導者たちと通じております」

スルタンは激怒した。ギリシア正教会にはこれまで特別の庇護を与えてきたではないか。この期におよんで裏切り者に加担するとは……。

一八二一年四月二日、復活祭の日曜日、イスタンブールの聖ゲオルギオス教会でミサが終ったとき、武装した兵士の一団が教会内に押し入り、説法を終えたばかりの総主教を捕らえた。老いたる総主教は教会の中央門に引っ立てられた。

「総主教さまになにをするのですか！」

善男善女が呆然と見守る中で総主教は絞首刑に処された。市内の他の教会の主教五人も、見せしめのため、市中に吊るされた。

総主教の遺体は三日間、門に吊るされた後、金角湾に投げ込まれたが、やがて水面に浮かんできた。見かねた者が夜陰に乗じて引き上げた遺体は、オデッサに送られ、荼毘《だび》に付されたという。

グレゴリオス総主教がほんとうに「フィリキア・エテリア」に加担していたかどうかはわからない。何者かが讒訴《ざんそ》したのかもしれない。オスマン社会で地位も財産も手に入れて安泰に暮らしていたギリシア人たちの中には、スルタンに諂《へつら》う者もいたのである。

総主教の吊るされた門は黒く塗られ、ギリシアとトルコの不和のシンボルのごとく堅く閉ざされ、いまも聖ゲオルギオス教会に残っている。

ギリシア独立運動の波紋はたちまちキプロス島にもおよんだ。グレゴリオス総主教の事件の同年、キプロス島でも同じような事件が起こった。島の総督キュチュック・メフメットがキプロスの大主教と聖職者たちを捕らえ、殺害粛清したのである。これは大主教とギリシア人有力者たちが密かに独立運動に協力していたことが露見したためとされている。命からがら島外へ逃亡した者もいたという。

翌一八二二年には、アナトリアに近いエーゲ海の島ヒオス島でも暴動が起こった。十六世紀中葉からオスマンの領土になっていたこの島にも、独立運動が飛び火したのだ。発端はサモス島の住民に扇動されたヒオスの住民が、島の周辺に停泊していたオスマンの艦船に火船を放って攻撃をかけたことにあった。小舟に薪を積んで点火し、風上から敵艦めがけて流すのが〝火船〟である。

オスマン軍は報復としてヒオス島に攻め入り、略奪し、二万五千人の住民を殺害し、五万人の住民を捕らえて奴隷にしたといわれる。

七十人のギリシア人役人が捕らえられて投獄され、その後、絞首刑に処された。ヒオス島のカストロと呼ばれる旧市街の城門のそばに、役人たちが繋がれていた牢獄がいまも残っている。ヒオスの島都から一四キロの山中にあるネア・モニ修道院は、世界遺産にも指定されているビザンティンの建築物だが、この暴動の際に犠牲になった人々の頭蓋骨が展示されていることでも知られている。オスマン軍はこの修道院を襲撃し、僧侶たちだけでなく、周辺の村人たちも皆殺しにしたという。落ち目になってきたオスマン帝国の足もとを見て次々と起こる反乱に、オスマン政府も苛立っていたのだろう。

二年ほど前、ヒオス島を訪れ、礼拝堂のガラスケースの中に累々と並んだ頭蓋骨を見たときには、さすがの私も気分が悪くなった。額に刀傷のある頭蓋骨もあった。

キプロス島、イギリスの植民地となる

マフムート二世はエジプトの総督モハメド・アリの助力によって、ギリシア本土の暴動をどうにか抑え込んだ。だが、結局、ヨーロッパ列強の介入によって、一八二九年、ギリシアは王国と

して独立した。

十九世紀後期、オスマン帝国は度重なるロシアとの戦争に疲れ果てていた。一八七七年にはアナトリアの相当な部分がロシアに割譲されてしまった。オスマン帝国のふらつく足もとを見て、擦り寄ってきたのはイギリスであった。

「わがイギリス軍にキプロスを基地として使わせていただければ、ロシアの侵略から貴国を守ってさしあげよう」

とかなんとか言って、一八七八年、イギリスはオスマン帝国と協定を結び、キプロスの統治権を奪ってしまった。ロシアの拡大はイギリスにとっても好ましくないことであった。イギリスはロシアの南下をスエズ運河に対する脅威と見て、キプロスをその防衛の拠点にしようと考えたのである。

一八七八年の占領協定では、キプロスはまだ正式にはオスマン帝国の領土であった。英国人二人、地元民十二人で構成された立法審議会によって、憲法《くみ》もつくられた。

ところが、第一次世界大戦でオスマン帝国がドイツに与して敗戦国となると、イギリスは協定を破棄し、この島を併合してしまった。国際的に孤立したオスマン帝国はそれに抗議する力もなくなっていた。

一九二五年、南海の島キプロスにユニオン・ジャックが高々と掲げられた。すなわち、イギリスはキプロスを直轄植民地にしてしまったのである。結局、キプロス共和国誕生の一九六〇年まで、キプロスは八十二年間イギリスの支配下にあったことになる。

イギリスはキプロスを手に入れると、道路や橋や給水施設の建設に着手し、鉄道を敷設し、港湾施設を改良し、学校や病院を設立した。イギリス統治時代、島のインフラは一挙に整備された。だが、植民地支配は住民をナショナリズムに駆りたてた。ギリシア系住民の間から勃然と起こってきたのが、前述の「エノシス」運動である。キプロスをギリシアに併合すべしというのがこの運動の趣旨で、ギリシア正教会がこれを後押しした。トルコ系住民は当然のことながら、「エノシス」には絶対反対で、ギリシア系住民と激しく対立した。

イギリスは二民族の対立を煽った。住民を分断し対立させて統治するというのはイギリスの植民地政策の御家芸である。二民族間の亀裂は次第に深くなっていった。ギリシア系の学校では反トルコ感情を植えつける教育が行われた。

わがトルコ語の師である故大島直政氏は、著書『複合民族国家キプロスの悲劇』の中で、ギリシア系島民とトルコ系島民の対立について、原因のひとつは、落ち目になったオスマン帝国が「軍事費用の財源として異教徒に対する税金を格段に重くしたことと、ギリシア系島民がナショナリズムに目覚めたこと」を挙げておられる。さらに、「一八七八年に、ロシアと戦って敗れたトルコを、和平会議の席でロシアに圧力をかけて助けた大英帝国が、代償としてキプロスをトルコから〝租借〟したことが、両民族の対立を決定的なものにした」という。

いずれにしろ、二民族の対立が決定的なものになったのは、キプロスがイギリスの統治下に置かれてからである。

一九三一年には「エノシス」運動は暴動となり、運動を抑圧するイギリス人総督の官邸が焼討ちにあうなどの事件もあったが、結局、鎮圧された。

その間、トルコ本土も大揺れに揺れていた。一九二二年、六百年余つづいたオスマン帝国が消滅し、一九二三年には、救国の英雄ケマル・パシャ・アタチュルクを初代大統領とするトルコ共和国が誕生したのである。

ムスタファ・ケマルとトルコ共和国の誕生

一八八九年、イスタンブールの軍医学校の内部に革命をめざす秘密組織が生まれた。学生たちの謀議はたちまち露見して鎮圧されたが、この組織は多くのグループに分化し、やがて「青年トルコ党」となり、トルコ革命運動の萌芽となっていった。

スルタン・アブデュルハミト二世（一八七六〜一九〇九在位）は高等教育の普及に力を注いだ。その結果生まれた知的エリートたちがトルコ民族主義運動を起こす原動力に育っていったのだから、皮肉といえば皮肉である。連合国の介入を退け、オスマン帝国を転覆させると同時に、共和国を樹立するという大事業を成し遂げたのは、この「青年トルコ党」であった。その最大の指導者がトルコの父〝アタチュルク〟と呼ばれるムスタファ・ケマル（一八八一〜一九三八）である。

サロニカ（現ギリシア領テサロニキ）に生まれ、陸軍大学を卒業したケマルが一躍、世の注目を浴びたのは、一九一六年、ガリポリ半島に上陸してきたイギリス・オーストラリア連合軍を迎え撃ち、みごと撃退したときであった。ケマルは軍事的政治的英雄として内外にその名を馳せた。

一九一九年五月十五日、ギリシア軍はイギリスの援助の下に、エーゲ海岸の町イズミールに上

1925年、キプロスは英国の直轄植民地になり、
南海の空にユニオン・ジャックが高々と掲げられた。

陸してきた。だが、西欧の顔色をうかがうばかりのオスマン政府は手も足も出せないでいた。五月十九日、決然立ったムスタファ・ケマルと革命軍はイスタンブールから船で黒海岸の町サムスンに上陸した。

ケマルはサムスンから内陸のアマシヤに移動し、全国から同志代表を招集して、中部の町シワスで決起集会を開いた。反逆者となっても愛国者たらんとしたのである。ケマルがサムスンに上陸した五月十九日は、いま「青年の日」として共和国の祝日になっている。

ギリシア軍は内陸に侵攻してきた。英仏軍もイスタンブールに迫っている。一九二〇年八月にはオスマン政府と西欧列強の間でセーヴル条約が結ばれたが、この条約はトルコにとって話にならないほど過酷なものであった。

——ボスフォラスとダーダネルズの二つの海峡は連合国の管理下に置かれる。アナトリアは東部にアルメニア国を建設し、あとはイスタンブールとわずかな地域を残して、フランスとイタリアに割譲される。キプロスは当然イギリス領。エーゲ海のコス島等はイタリア領……。スルタン・メフメット六世は自らの地位と財産の保証と引替えに、とんでもない条約に調印してしまったのである。

このとき、ムスタファ・ケマルと革命軍が敢然と行動を起こさなかったら、トルコはいま頃、ちっぽけな弱小国に成りさがっていただろう。

一九二一年八月、侵攻してきたギリシア軍とケマルの軍は、アナトリア西北部を流れるサカリヤ川で激突した。両軍睨み合いのまま年が明け、西欧列強が停戦を呼びかけたが、ケマルの意志は固かった。

「外国の軍隊がアナトリアから全面撤退するまで、わがほうが兵を引くことはない」

翌二二年八月、ケマルはついにそのことばどおり、ギリシア軍をアナトリアから追い出した。「新ビザンティン帝国」を夢見たギリシアの野望は、あえなくエーゲ海に砕け散った。セーヴル条約にかわって、一九二三年、連合国との間にローザンヌ条約が締結された。アンカラに置かれたケマルらの「大国民会議」がトルコを代表する政府として条約に調印した。この前年の十一月、オスマン帝国最後のスルタン、メフメット六世は、金銀財宝とともにイギリスの軍艦で首都を後にマルタ島へ逃れ、永遠に帰ることはなかった。ケマル・パシャ〝アタチュルク〟はトルコ共和国初代大統領となり、首都はアンカラに移された。

ギリシア併合運動「エノシス」の再燃

第二次世界大戦では三万人のキプロス人がイギリス軍とともに戦ったが、戦いが終ると、ふたたび「エノシス」(ギリシア本土併合運動)が燃え上がった。植民地支配が否定されてきた世界的趨勢も「エノシス」に拍車をかけた。トルコ系住民はもちろん、「エノシス」には絶対反対である。

一九五〇年、後に大統領となった大主教マカリオス三世が行った国民投票では、ギリシア系キプロス人の九六パーセントが「エノシス」(本土併合)に賛成だったという。しかし、これは住民の真意かどうかわからない。「大主教さまに反対して破門されたら大変だ」というのが敬虔な正教徒の本音だったかもしれないからである。

パフォスの羊飼いの子として生まれ、神学校を出て三十七歳で大主教となったマカリオスは、ギリシア系島民にカリスマ的な支持を得ていた。大主教職はギリシア正教の五大ポストのひとつである。

一九五五年、ギリシアのヨルゴス・グリーヴァス将軍なる人物が、ギリシア系キプロス人の自決権を要求する「エオカ」（戦うキプロス人の民族組織）という運動を起こし、武装闘争に乗り出した。彼はビザンティンの英雄の名を取って、自ら〝ディゲネス〟と名乗るようなファナティックな人物であった。

「エノシス」に反対するトルコ系住民は徹底的に弾圧された。「エオカ」のテロが頻発した五〇年代前半には、反対派のギリシア系住民、トルコ系住民、イギリス人らの犠牲者の数は五百人とも千数百人ともいわれる。

大主教マカリオス三世をはじめとする聖職者たちも「エノシス」を支持し、人々を扇動した。だが、「エノシス」運動は宗主国イギリスに違法として弾圧され、マカリオス大主教が一時、インド洋のセイシェルに追放されていたこともあった。

一九五七年、ギリシアはギリシア系キプロス人の自決権を要求して国連に申請した。トルコ系住民はこれに反発し、「ダブル・エノシス」すなわち島の分割を要求した。困じ果てたイギリスは、とにかくキプロスの独立を認めることにした。もちろん、イギリスが無条件で認めたわけではない。

事態を収拾するため、イギリスはキプロスの独立を前提にした「チューリッヒ条約」を捻《ひね》り出した。その後、一九五九年二月十九日、マカリオス大主教（ギリシア系キプロス人代表）、ファズル・キュチュック博士（トルコ系キプロス人代表）、イギリス・ギリシア・トルコ三国の首相が、一年半におよぶ協議の末、キプロスの独立を承認する「ロンドン条約」に調印した。この条約は、有事の際には、イギリス・ギリシア・トルコの三国に介入する権利を認めていた。また、イギリスが島内に二つの軍事基地を所有することも承認されていた。

これでギリシアへの併合も、島の分割も否定された。〝有事の際〟とは、併合または分割を目的とする行動があった場合を意味する。

たちまち破綻した複合民族国家

一九六〇年八月十九日、複合民族国家キプロス共和国は誕生し、九月二十日、国連にも加盟した。しかし、当然のことながら、これでめでたし、めでたしとはならなかった。期待された両民族の融合は実現しなかった。キプロスのほんとうの悲劇は共和国誕生後に始まったのである。

多数派ギリシア系住民が少数派トルコ系住民を支配しないために、さまざまな問題を取り決める憲法が制定された。いわく、大統領はギリシア系社会から、副大統領はトルコ系社会から選出される。閣僚は七人がギリシア系、三人がトルコ系とする。国会議員は七割がギリシア系、三割がトルコ系から選ばれ、議長はギリシア系、副議長はトルコ系とする。警察官と公務員もギリシア系七対トルコ系三とするが、軍隊はギリシア系六対トルコ系四とする。

行政面では、都市の市役所はギリシア系住民とトルコ系住民のためにべつべつに設ける。司法では、刑事・民事ともギリシア系住民はギリシア系裁判官に、トルコ系住民はトルコ系裁判官によって裁かれる。公用語はギリシア語およびトルコ語とする等々……。

だが、この面倒過ぎる権力分担システムは実際には機能しなかった。複合民族国家では民主主義の多数決の原則は通用しない。多数決でいったら、すべてギリシア系住民の意のままになってしまう。

「この憲法は現実的ではありませんよ。社会の効率を考えて、憲法をもっと単純化したほうがよいと思いますが……」

一九六三年、マカリオス大統領はキュチュック副大統領に権力分担制の廃止を提案し、同意を求めた。だが、マカリオスが提示した案はトルコ系側には到底受け入れられないものであった。「エオカ」がアテネからマカリオスに圧力をかけていることはまちがいなかった。

「民主主義の多数決の原則をそのままわが国に適用させるわけにはゆきません。そんなことをしたら、トルコ系住民の主張はすべて無視されてしまうではありませんか」

キュチュック副大統領は譲らなかった。多数決でいったら、キプロスは確実にギリシアに併合されてしまう。

この一件も、ギリシア側に言わせると、「マカリオス大統領は国家の機能を容易にするためにいくつかの改正案を提示したが、トルコ系側はこれに造反で応えた」ということになる。

トルコ共和国〝建国の父〟
ケマル・パシャ・アタチュルク。

1960年に誕生したキプロス共和国の
初代大統領マカリオス三世。

トルコ系島民の村への襲撃

憲法改正ができないとなると、ギリシア側は暴力に出てきた。惨事が起こったのは一九六三年のクリスマス・イヴであった。武装したギリシア系住民がレフコシャ近郊のトルコ人の村キュチュック・カイマクルを襲撃したのである。

襲撃はこの村だけに留まらなかった。百三ものトルコ系住民の集落が暴徒に襲われ、三万人ものトルコ系住民が家を失い、難民となった。家を捨てて逃げ出すことのできたトルコ系住民は幸せであった。多くのトルコ系住民が殺害され、連れ去られたものは永久に帰ってこなかった。「エオカ」のテロリスト指導者グリーヴァス将軍に扇動されたギリシア系住民の仕業だった。共和国成立から四年もたたないうちの惨事であった。

トルコ人村への襲撃はその後もつづいた。トルコ系住民は襲撃を恐れ、自分たちの居住地に引きこもった。

最初はイギリス軍が出動し、六四年には国連が「国連キプロス平和維持軍」を派遣したが、事態は好転しなかった。

一九六四年夏、北海岸のエレンキョイが襲撃されたときには、トルコ空軍が出撃して阻止した。この港が破壊されたら、トルコ本土からの物資の搬入が断たれてしまう。

一九六三年から数年間つづいた、ギリシア系住民によるトルコ人村襲撃に関しては、欧米諸国の新聞にも何度となく報道されている。

「男たちは連行され殺害され、多くの女たちが陵辱され、焼き払われた民家の中から老人や乳飲み子の遺体まで見つかった」

「逃げおおせた人々は、さらなる迫害を恐れ、山の洞窟などに隠れて暮らした」

トルコ系国会議員は議席を、トルコ系公務員は職を失った。この件についてのギリシア側の言い分も聞こう。

「トルコ系閣僚は内閣を退き、公務員は出勤しなくなった。トルコはキプロスに軍を侵攻させると脅しをかけてきた。キプロスのトルコ系指導者は本国の意を体して、キプロスを分割し、トルコに併合することを目論んでいたのだ」

一九六七年には、ギリシア系議員だけになったキプロス国会が「キプロスをギリシアに併合するまで襲撃をつづける」と決議した。独立は両民族の融和とはほど遠い結果になった。

クーデターと北キプロス・トルコ共和国の誕生

一九七四年一月、グリーヴァス将軍がキプロスのリマソルで心臓発作で死んだ。彼は〝キプロス兵〟を指揮するために、ギリシア本土からキプロスに来ていたのだった。

大統領就任当初は「エノシス」を支持していたマカリオスは主張を変えた。

「キプロスはやはりトルコ系住民と平和に共存する独立国であるべきだ」

と言い出したのである。「エノシス」を唱える限りキプロスに平和はないと、遅ればせながら悟ったのだろう。マカリオスはギリシアの軍事政権を「ファシスト」と呼んだ。

ギリシアとの併合を主張するキプロス右翼もギリシアの軍事独裁政権も怒った。テロリスト集団「エオカ」はマカリオスを「裏切り者」「アカ」と罵倒した。やがてギリシア本土から二万もの軍隊が隠密裏にキプロスに送られてきた。武力による民族浄化である。

その一方で、独立国となったキプロス共和国の経済は次第に上向いてきた。暮らしがらくになってくると、現金なもので、ギリシア系住民の「エノシス」(本土併合)への情熱は薄らいできた。本国から来て島に駐屯しているギリシア人将校たちの専横ぶりにうんざりしてきたこともあった。

「いまさらなにもギリシア人にならなくても、生まれ育ったこの島でキプロス人として平穏に暮らしていかれればいいではないか」

そうなると、目障りなのはトルコ系住民である。

「キプロスはギリシア系住民の島なのだから、トルコ人はトルコへ帰ればいいのだ」

トルコ人に言わせれば「ギリシア人はギリシアに帰ればいいのだ」ということになろう。これでは議論にならない。それに、いまでこそギリシア系住民が多数派だが、一八七八年、イギリスがキプロスに上陸してきたときには、トルコ系住民は少数派ではなかった。イギリスがギリシア人の移住を奨励した結果、ギリシア系が島民の八割を占める多数派になったのである。

その年、マカリオス大統領は「エノシス」を放棄することを宣言し、九五パーセントの票を得て大統領に再選された。ギリシア系住民の中にも、どちらにつくべきか迷いはあった。だが、正教徒たちの大主教さまへの信頼は大きかった。

「ここはキプロス共和国です。ギリシア軍の将校方はギリシア本土にお帰りいただきたい」

マカリオスはギリシア本土から送られてきている将校たちの撤退を要求した。

ギリシアの軍事政権に操られた〝キプロス兵〟たちは、ついに大統領官邸襲撃という挙に出た。クーデターである。その頭目はかつてマカリオスの右腕であり、「エオカ」の過激派として知られたサムプソンであった。

「赤い坊主を生かしておくな」

マカリオスは共産主義とは無縁の人物であったが、軍事政権に楯突く者はすべてアカと呼ばれた時代であった。官邸の前に大砲が据えられ、どかんどかんと砲弾が撃ち込まれた。官邸は完全に破壊された。

彼らがマカリオス殺害を企んだのは、そのカリスマ的人望のためであった。選挙をしたら、島民の九〇パーセントはマカリオスを支持することがわかっていたからである。

「マカリオスは死んだ。私が臨時大統領に就任したサムプソンである」

サムプソンは自ら宣言した。人々は大統領は死んだと思った。だが、マカリオスはそう簡単に死ぬような男ではなかった。彼は危機一髪のところでニコシアの官邸を脱出し、トルードスの山岳地帯を通って、島の西南端の町パフォスにたどりついた。マカリオスはクーデターを予期していたのである。

一説によると、官邸を逃れたマカリオスは通りかかったトラックに救われたのだという。

「これはこれは大主教さま、どうぞお乗りください。どこへでもお連れ致しましょう」

マカリオス支持者はキプロス全土にいた。そうでもなかったら、あの山岳部を抜けてパフォスまでたどりつくことはむずかしかったろう。パフォスはマカリオスの故郷であった。

「大統領官邸襲撃によって、マカリオス大統領は死んだ」というラジオ放送を、マカリオスはトラックの中で聴いたという。

「私は大統領のマカリオスである。私はこのとおり生きている」

彼がパフォスからラジオ放送したときには、人々は肝をつぶした。

七月二十日、トルコ軍はこの〝有事〟に際してキプロスに上陸し、トルコ系住民が多く住んでいる地域、すなわち島の北部三七パーセントを占領した。トルコ側にとって、これはトルコ系住民の生命を守り、キプロス島がギリシアに併合されるのを阻止するための、やむにやまれぬ行動であった。実際、ギリシア軍事政権の介入がキプロスの併合を目的としたものであることはまちがいなかった。トルコにとっては、ロンドン条約に認められた、まさに〝有事〟であったのだ。

キプロスが南北に分断されたのは、このときからである。このクーデターによって、反対派ギリシア系住民や、軍事政権に反対して本土から逃げてきたギリシア人たち数千人が殺害された。血みどろのクーデターに巻き込まれたトルコ系住民たちの被害も甚大であった。

翌七五年、北側に住んでいたギリシア系住民十五万人が南側に移住し、五万人のトルコ系住民が南から北へ移住した。〝住民交換〟は国連の監視の下に行われた。

ギリシア側の主張はこうである。

「トルコはクーデターを〝口実〟にしてキプロスに侵攻し、占領した。そのため、ギリシア系キ

英国併合後のキプロス略年表

1914　第一次世界大戦に便乗し、英国がキプロスを併合。

1915　エノシス運動（ギリシア併合運動）起こる。

1925　英国がキプロスを直轄植民地とする。

1955　英国、ギリシア、トルコ三国間協議。

1959　チューリッヒ条約。

1960　キプロス共和国独立。

1963　ギリシア系・トルコ系住民間の民族紛争勃発。

1964　国連平和維持軍が派遣される。

1974

・7月15日　ギリシアの支援を受けた併合賛成派がクーデターを起こす。

・7月20日　トルコ軍がキプロスに侵攻。

・7月22日　クーデター政権が倒壊。

・7月23日　クーデター政権を支援したギリシア軍事政権が倒壊。

・8月13日　トルコ軍が島の北部37%を占拠。

1977　最初の統合交渉が決裂。

1983　〝北キプロス・トルコ共和国〟が独立を宣言。

2004

・2月9日　国連の仲介により南北大統領の統合住民投票案協議が始まる。

・3月31日　国連案の修正による住民投票案が合意。

・4月24日　南北同時住民投票が行われ、ギリシア系側（キプロス共和国側）の反対多数により否決。

・5月1日　キプロス共和国がＥＵに加盟。

プロス人の四〇パーセントが居住地を追われ、市民を含む何千人もの人々が殺害された。いまだに行方不明の者もいる。そして、トルコはいまも軍事力によって不当な占領をつづけている」

一九七四年のキプロスにおける一連の事件は、第三者には少々理解しにくいところがある。要約すれば、当時のギリシアの軍事政権がキプロスを本土に併合しようと、キプロスのギリシア系右翼を操ってクーデターを起こさせ、その結果、トルコが軍事介入し、ギリシアの軍事政権が倒れる……という流れの中で、ギリシア軍事政権の実力者であったイワニデス将軍とアメリカのCIAが密かに結託していたとも言われている。

一九八三年、トルコ系キプロス人は北キプロス・トルコ共和国の独立を宣言した。だが、この国を承認しているのはトルコ共和国だけで、国連にも承認されていない〝独立国〟である。国連安保理はこの宣言を無効とし、他の国々にこれを承認しないよう求めた。

国連の仲介による交渉も成果は上がらず、キプロスのボーダーでは折りに触れて小競《こぜ》り合いがつづいてきた。だが、一九九九年のトルコ大地震以後は大きな国境紛争は起こっていない。

V　ギルネ（キレニア）

北の守り「キレニア城」とキプロスの華「ベラ・パイース修道院」

「スタンプは別紙に押しますね？」

一九九七年五月二十日夕刻、私はキプロス島へ向かう船の甲板にいた。トルコの地中海沿岸の町タシュジュから船に乗り込んだのは午後四時頃だった。太陽はゆっくりと西へ傾いてきた。タシュジュから北キプロスの港町ギルネまで七〇キロほどしかないのだが、凪《な》いだ海には島影ひとつ見えない。

船室内は蒸し暑いから、甲板に出ている乗客が多かったが、この船に乗っている外国人旅行者は私一人のようだった。イスタンブールから北キプロスへは空路ならひとっ飛び、一時間半かそこらでレフコシャに近いエルジャン空港に着く。船でキプロスへ向かう旅行者はかなり物好きということなのだろう。

タシュジュの港に着いてから乗船までがひと苦労だった。乗船券はすぐに買えたのだが、パスポート・コントロールに長い行列ができていて、炎天下、えんえんと待たされたのである。トルコ人乗客は男性がほとんどで、大きな段ボールやビニール袋を抱えた人が多かった。トルコ本土からさまざまな商品を運ぶ人たちだろう。

イスタンブールを出たのは一か月ほどまえだった。エーゲ海岸から地中海岸に出て、旅の終りにちょっと北キプロスをのぞいてこようという計画であった。

甲板に寝転んでうとうとするうちに、船はギルネ港に着いた。辺りはすでに夕闇に包まれていた。

港の税関の係員は私がパスポートを提示すると、「キプロスにようこそ」と笑顔で言ってから、

「スタムプは別紙に押しますね？」

と、当然のことのように言った。一瞬、戸惑ったが、すぐにその意味がわかった。

「イエス、プリーズ」

と応えると、係官は小さな紙片に姓名、旅券番号、国籍を書かせ、ぺたんとスタムプを押してくれた。パスポートに北キプロスのスタムプが押してあると、ギリシアで入国を拒否されることがあるという話は以前から聞いていた。事実、この〝別紙システム〟ができるまえは、欧米人や日本人の若い旅行者がトルコを訪れたついでに北キプロスに足をのばし、その後、ギリシアに入ろうとして入国を拒否されるというトラブルが相次いで起こったと聞く。

翌一九九八年九月、今度は空路で北キプロスを訪れたが、エルジャン空港の係官も「スタムプは別紙に押しますね？」と、まったく同じことを言った。

だが、この無意味な慣行も、二〇〇四年七月から廃止された。南北キプロスを隔てる壁にゲイトができて、われわれ第三国人はパスポートを提示すれば、北から南へ、南から北へ、自由に往

来することができるようになったのである。これもキプロスの平和的再統合への一ステップと考えたい。

ギルネのホテルで見た一枚の絵

トルコ本土から来れば、〝北キプロス・トルコ共和国〟は確かに外国なのだが、同じトルコ人が住み、トルコ語が話され、同じトルコ・リラが流通しているから、外国に来たという気がしない。旅人に親切なトルコ人気質も本土と変わらない。港からミニバスに乗ってギルネのセンターに出て、すぐにこぢんまりとしたホテルを見つけることができた。

夕食をすませ、やれやれとベッドに寝転んだ私は、壁に掛けられた絵を見て、おやっと起き上がった。ドラクロワのような写実的なタッチで描かれた油絵のコピーである。眠気は吹っ飛んだ。

画面の中央にトルコ人の若い娘が横たわって、すでに息絶えている。娘の両手首は、磔刑《たっけい》のように、十字に組んだ木に荒縄でくくりつけられ、衣服は引きちぎられ、若々しい乳房がむきだしにされている。清純な娘が陵辱され、殺された直後の姿である。

そのかたわらにターバンを巻いた、農夫らしい彼女の父親が、悲しみのあまり死んだように地に倒れている。ヴェールをはおった母親は呆然とした表情で娘に取りすがり、泣くことも忘れている。そのまわりに、子供を抱いた村の女たちが天を仰ぎ、地に伏して、涙にくれている。

背景には火を放たれ、燃え上がる家々。そして、銃を担ぎ、馬に乗って去ってゆく男たちの黒いシルエット。

南海の楽園のようなこの島で、こんな悲劇が実際に起こったのだろうか。画家はイブラヒム・チャルル（一八八二〜一九六〇）とあった。この絵はおそらく一九五〇年代に描かれたものだろう。五〇年代といえば、ギリシア系キプロス人の間で、ギリシアとの併合を求める運動「エノシス」が最高潮に達していた時代である。彼らにとって、トルコ系住民は「エノシス」推進の邪魔者であり、島から消えて欲しい存在であった。そんな中で行われたギリシア系住民によるトルコ系住民の村落襲撃を描いたものだろう。

現在、キプロス問題に関して忌憚なくいえば、世界はギリシア寄りである。「紛争の原因はトルコ軍の武力による不当な占領にある」とするギリシアのプロパガンダに乗せられている。このホテルの経営者か支配人は、外国人宿泊客に「トルコ系住民の側にも、訴えたいことがある」ことを示したかったのだろうか。

最初の北キプロス訪問で、私の心に最も深く焼きついたのはこの一枚の絵であった。

キプロスの北の玄関ギルネはのどかな港町

イスタンブールから北キプロスへ、空路を選べば、島都レフコシャに近いエルジャン空港に着く。空港からギルネまでは四十数キロあるが、内陸のレフコシャより海辺のギルネのほうがホテルも多く、快適に過ごせるから、旅行者はたいていギルネに泊まる。タクシイかミニバスを使えば、レフコシャにも二十分で行ける。

エルジャン空港に着いたのは夜の九時半頃だった。ギルネまでのミニバスはなくなっていたが、タクシイでギルネに直行、ドライバーに安くて親切な宿を紹介してもらうことができた。通常六百万リラ（三千円）だという料金も五百万リラ（二千五百円）にしてくれた。私の二度の経験から言えば、北キプロスもトルコの田舎と同じように、人々の親切に助けられて、女ひとりでも快適に旅することができた。

「北キプロスって危ないんじゃないの？　うかつに写真を撮ったりしたらスパイ容疑で捕まっちゃうとか」

冗談か本気か、そんなことを言う日本人もいる。北キプロスは北朝鮮ではない。北キプロスにもトルコ本土と同じ〝日本人大好き〟なトルコ人が住んでいる。私は一人で堂々と一眼レフをぶらさげ、地元の人たちといっしょにミニバスで移動し、のんびりと北キプロス散策を楽しんできた。レフコシャでは国境の緩衝地帯にも入れてもらい、トルコの兵隊の写真はもちろん、国連兵の写真も撮って来た。

「北はひどいらしいよ。なにしろ貧しいから汚くて。物価は高いっていうし。わざわざ行くことないんじゃないの」

「トルコ人はキリスト教徒が建てた教会なんかをみんな壊しちゃったらしい。貴重な文化遺産をね」

南キプロスを訪れたとき、こんな話を聞かされたが、これは明らかに事実に反する。北は経済封鎖を受けているため、豊かでないのは事実だが、南側でギリシア系キプロス人がふつうに生活しているように、北側でもトルコ系キプロス人がふつうに平和な日常を送っている。物価も南よりはるかに安い。

トルコ人は美しい教会を破壊するほどばかではない。教会をモスクに造り替えて有効利用するのはオスマン帝国の御家芸ではないか。イスタンブールのアヤ・ソフィア教会がいい例である。レフコシャのアヤ・ソフィア教会も、ガジマーウサの聖ニコラス大聖堂もモスクに改装されて現存し、機能している。リュージニャン朝が建てた、ギルネ近郊のベラ・パイース修道院も美しく保存され、博物館として一般に公開されている。庭園もみごとに整備され、私が訪れたときも、庭師が花壇に水をやったり、果樹を剪定《せんてい》したりして働いていた。

北キプロスにも南キプロスと同様、西洋人観光客が大勢来ている。グループも個人旅行者も来る。キレニア城で日本人の小グループに出会ったこともある。トルコとキプロスを組ませたツアーもあるようだ。

二〇〇四年七月の国境の自由化以前も、南キプロスから北キプロスを訪れる一日ツアーがあった。私も南キプロスへ行ったとき、「北への一日ツアーの案内」という紙切れをもらった。しかるべき事務所へ行って申請し、朝早くチェックポイントへ行ってパスポートを提示し、申請した本人であることが認められれば、一日だけ北へ入れるという。ただし、夕方五時までに必ず帰って来いとか、北ではいっさい買物をしてはいけないとか、うるさいことが書いてあった。これではゆっくり見物もできないし、夕食を楽しむこともできない。

それもいまは昔、現在は南から北へ、北から南へ、自由に出入りできるようになっている。

北キプロスをなにか危険な場所と勘違いしている人がいるようだったが、そんな誤解も通行の自由化で氷解していくことだろう。

妙な先入観を持ってギルネに着いたら、のんびりした海岸通りの風景に拍子抜けするかもしれない。色とりどりのパラソルが並ぶギルネの海岸通りは、トルコ本土の港町と変わらない。カフェのパラソルの下で西洋人観光客がのんびりとビールを飲んでいる。南トルコの海浜リゾート、アンタリヤやボドゥルンのような華やぎはないが、その分、くつろげる雰囲気はある。

貿易港として繁栄したギルネの港

ギルネ（Girne）はトルコ名で、ギリシア名はキレニア（Kyrenia）、ギリシア人はいまでもキレニアと呼んでいる（ちなみに、ギリシア人はいまでもイスタンブールをコンスタンティノポリスと呼んでいる）。キレニアという名は、紀元前十二世紀、ギリシアのペロポネソス半島から植民してこの町を築いたアカイア人が、故郷のキレニア山にちなんでつけたといわれる。

ギルネ港の船着場と突堤は英国植民地時代に造られたもので、中世には船は砂浜に引き上げられ、港の入口には外敵の侵入を防ぐために鉄の鎖が張られていたという。

海岸通りに並ぶ古い建物は、いまは魚レストランやカフェやホテルになっているが、昔は〝キャロップ〟の倉庫だったと、資料にあった。キャロップは辞書には〝イナゴ豆〟とある。馬の飼料に使われたキャロップは、ギルネ港からアナトリアに大量に輸出されていたという。馬が自動車だった時代には、イナゴ豆はガソリンに匹敵する重要な産物だったろう。

クレオパトラ七世が自ら蛇に咬まれて自害し、ローマがプトレマイオス朝を滅ぼすと、キプロス島もローマに併合された。ローマ支配時代のキプロスは、銅、オリーヴ油、小麦、ワインなどをローマに輸出し、キレニアも東のサラミスと並ぶ貿易港として大いに繁栄した。キレニア港はローマ時代から中世まで、東地中海の活気溢れる貿易センターだったのである。

三九五年、ローマ帝国が東西に分裂すると、キプロスは東ローマ帝国すなわちビザンティン帝国の一部となった。

海岸通りで「フォーク・アート博物館」という看板が目についた。管理人のおじさんの話によると、この建物はアナトリアから運ばれてくる綿花を収納する倉庫だったという。小さな木造の建物だが、三階建てである。管理人は退屈していたらしく、つききりで説明してくれた。この博物館のコレクションは英国植民地時代、さるイギリス人女性が収集したものだというが、予想以上におもしろかった。

一階には脱穀機や鋤《すき》、鍬《くわ》などの農具のほか、オリーヴ油を搾る木製の機械がある。動力は馬だという。

「馬がこの機械の周囲をぐるぐるまわると、オリーヴが圧搾されて油がここに溜まるんだ」

と、管理人は自ら馬の真似までして説明してくれた。島で採れたオリーヴの実がこの機械で油にされ、船積みされたのだろう。

二階三階には家具や日用品、機織《はたお》り機、衣装類がある。嫁入り道具だという胡桃《くるみ》材の長持ちには、みごとな彫刻がほどこされていた。刺繡の美しい花嫁衣装。十字架が彫られた衣装簞笥はギリシア人のものだろう。トルコ人のパシャ（高官）の衣装。羊飼いの衣装……。トルコ人とギリシア人が平和に共存していた島の歴史がうかがえる。

キレニア攻防戦の歴史を語るキレニア城

カフェテリアが並ぶ湾の東の端に、海に突き出て見えるのがキレニア城である。城壁にかこまれ、海に向かって立つ石造りの城塞は、見るからにがっしりと逞しい。

この城を最初に築いたのは、ビザンティン時代、帝国全土からイスラム勢力を駆逐したニケフォロス二世（九六三〜九六九在位）である。間断なく襲撃してくるアラブの海賊から島を守るための砦であった。その後、城はリュージニャン朝によって拡大強化され、ヴェネツィアによって徹底的に要塞化された。城が包囲されても船で兵糧が供給できるように、かつては城壁内に港に通じる内港があった。

濠にかかる石橋を渡って城内に入る。往時は中世の城によく見られる吊り上げ橋だったそうだ。いまは濠に水はないが、かつては海水が引き込まれていた。入口に掲げられた獅子と十字架は、キプロスとエルサレムの王を兼ねたリュージニャン朝の紋章である。キレニア城はギルネ観光の目玉だから、西洋人観光客の姿も見える。

入口のすぐ左手に教会跡がある。ビザンティン時代に建てられたものだが、十字軍の騎士たちはこれを「聖ジョルジョ教会」と呼び、礼拝堂として使っていたという。ヴェネツィア時代に城が拡張されたとき、城壁の外にあった教会は城壁内に組み込まれた。

その先に、石の傾斜路がある。城の北西に立つ塔に、大砲や砲弾など重いものを運び上げるために使われたのだろう。

傾斜路近くに置かれた石棺は、一五七一年のキプロス征服の戦いで倒れたオスマン軍のサドゥク将軍のものである。キプロス征服に功労のあった勇者の棺は、ここに置くのがふさわしいと考えられたのだろうか。

四角い建物が中庭をかこみ、建物の四隅に塔が聳えている。中世の城塞によくある造りだ。北西の塔には「リュージニャンの塔」という標識があった。塔内は薄暗く、石積みの壁が陰鬱だが、海に向かった矢狭間《やはざま》から青い海が見え、涼しい潮風が入ってくるのが救いである。

蠟人形のヴェネツィア兵たちが、海に向けられた大砲に砲弾を詰めていた。石の砲弾がごろごろと積まれている。アナトリアから攻め寄せてくるオスマンの艦隊を撃沈しようというのだろうが、こんな石ころの弾では大した成果はなかったろう。

塔の最上階には、この城を守って戦った兵士たちの人形が並んでいた。リュージニャンの兵士、リチャード獅子心王の兵士、ビザンティン、ヴェネツィア、オスマン、イギリスの兵士が、それぞれに弓矢や矛、大太刀、楯で武装している。

一一九二年、イギリスのリチャード獅子心王からキプロス島を譲渡された〝十字軍の落ち武者の王朝〟リュージニャン朝は、ビザンティンが建てたこの城も受け継いだ。それ以来、この城は城塞として、居城として、また牢獄として、さまざまな人々に利用されてきた。

キレニア城の中庭（上下共）。

一二二八年、神聖ローマ帝国皇帝フリードリッヒ二世は、パレスチナ遠征の途上、われこそがリュージニャン朝の宗主であることを知らしめようとキプロスに上陸した。リュージニャンの初代の王アモウリイは、フリードリッヒの父親であるハインリッヒ六世から王冠を受けていた。

当時キプロスでは、ベイルートの領主ジャン・ディベランと、若年の王アンリ一世の叔父アマリック卿が摂政の座をめぐって争っていた。これを知ったフリードリッヒは、帰国すると、ディベランを討伐すべくフィランジェリ将軍率いる軍を送った。キプロスの宗主を自認する神聖ローマ皇帝フリードリッヒは、パレスチナとキプロスで覇を唱えるジャン・ディベランをなき者にしたかったのだろう。

だが、敗退したのは神聖ローマ皇帝の軍であった。ディベランの軍に包囲されたフィランジェリ将軍の軍は、平和条約が結ばれるまでの一年間、このキレニア城に籠もっていた。

一三七二年、キプロスに住むジェノア人とヴェネツィア人の間に紛争が起こり、それを口実にジェノア軍がキプロスに侵攻してきた。ファマグスタもニコシアも包囲され、戴冠したばかりの幼王ピエール二世は捕虜になった。そのとき、ピエールの母后エレノアは、ピエールの叔父のジャックとともにこのキレニア城に立て籠って、ジェノアの襲撃に耐えた。七四年、城は包囲され、石の砲弾が城壁の一部を破壊したが、それでも城は持ちこたえた。ジャックは一三八二年、ジャック一世（一三八二〜九八在位）として即位した。

ジャックの息子のジャヌス王（一三九八〜一四三二在位）は勢力拡張を焦り、愚かにもエジプト海岸を襲撃した。だが、十三世紀半ばからエジプトとシリアを支配していたトルコ系王朝マムルークは侮れなかった。怒ったマムルークは一四二五年、キプロス島の南海岸の港町リマソルを侵略し略奪した。ジャヌス王は捕われ、ニコシアも略奪された。このときも、王弟ユーグと王族たちはキレニア城に逃げ込んで嵐の去るのを待った。

また、一四六〇年、ジャヌス王の孫娘シャルロッテ女王が庶出の異母兄ジャック二世（一四六〇〜七三在位）に王座を奪われたときも、女王はローマに亡命するまえの四年間、このキレニア城に幽閉されていた。

リュージニャン時代のキレニア城は王族の避難所さながらであった。

ヴェネツィアはリュージニャンからキプロスを奪うと、すぐにキレニア城の強化に着手した。オスマン帝国の脅威がすぐそこに迫っていたからである。だが、一五七一年、ニコシアがオスマンに征服されると、キレニアは戦わずして開城した。

オスマン統治時代にも、キレニア城が内戦の場になったことがある。一七六五年、キプロスの総督だったハリル将軍が反乱を起こし、ニコシアを包囲したのである。イスタンブール政府からアフメット・パシャの軍が送られてくると、ハリルはキレニア城に立て籠もって抵抗した。包囲四十日でハリルは降伏し、処刑された。都からはるか遠い島の総督の座にあると、自身が島の支配者になったような錯覚に陥るのだろうか。

イギリス植民地時代も、キレニア城は有効利用された。政府は植民地支配に反対する「エオカ」のテロリストを捕らえ、この城を牢獄として使ったのである。

戦慄的な地下牢〝拷問部屋〟

薄暗い城内の石壁には、千年余の間に、どれほど多くの人々の血と怨念が染みこんでいるのだろうか。考えると、恐ろしくなってくるが、この城内にはもっと恐ろしい展示物があった。「リュージニャンの地下牢」である。

気軽に入ろうとすると、牢から出てきた金髪の中年女性の二人連れが「気分が悪くなるわよ」と、顔をしかめて言った。

入口に髭面の牢番の蠟人形が、退屈そうに酒を飲みながらすわっていた。「お子さんはご遠慮ください」と標示が出ている。

最初の部屋で度肝を抜かれた。拷問部屋である。ロンドン塔とどっちが恐ろしいか。

「十字軍がマムルークの兵士を捕らえ、情報を得るために拷問を行っている」

という説明があった。部屋の中央に大きな車輪のようなものが据えられ、これに素裸にされた男が仰向けにくくりつけられて、両側に黒衣の獄吏がチェーンを持って立っている。車をまわし、そのうえチェーンで引っぱたかれたら、供述するまえに死んでしまうのではないか。

拷問具の前には金ピカの長衣を着た男が、巨大な十字架を抱えて椅子にすわっている。これは十字軍の聖職者であろう。そのかたわらに、もう一人の捕虜がやはり素裸にされ、手かせ足かせで壁を背に立たされ、恐怖に引きつった顔で、拷問を受けている仲間を見つめている。

マムルークはトルコ系だから、髭も髪も黒い。蠟人形は生身の人間のようにリアルにできていた。

恐いもの見たさで次の部屋へ。部屋の中央に、柵でかこわれた、井戸のような深い穴があった。穴の底には髭ぼうぼう、素裸の男の蠟人形が助けを求めて叫んでいる。

「一三六八年、騎士ジャン・ヴィスコンティはピエール王の命令によって投獄された」と、説明書きにあった。身分ある騎士がかくも非道な扱いを受けるとは、どんな謀反を企んだのだろうか。

次の穴蔵の囚人は女性だった。素裸にぼろ布をまとっただけの若い女が、砂の上に死んだようにぐったり横たわっている。この蠟人形には長い説明書きがついていた。

「ピエール一世の愛人ジョアンナは王妃エレノアによってここに幽閉された。一三六七年から八年の冬、王妃エレノアはジョアンナを地下牢に入れたが、彼女はそのとき王の子を身ごもっていて妊娠八か月であった。

このときピエール一世はキプロスにいなかったので、王妃は王の愛人を思うさま虐待できた。王妃はジョアンナの腹の子を殺そうといたぶったが、子供は死ななかったので、やむなく産むことを許し、ジョアンナを血まみれの衣服のまま、ふたたび地下牢に入れ、七日間、食物も水も与えなかった。

そのとき、軍の指揮官で、ジョアンナの身内の男リュークがキレニアに帰ってきた。王妃は自分が王の愛人を虐待したことが王に知られることを恐れて、ジョアンナの独房の床に木を張り砂を敷いて、もう少し居心地よくするよう命じ、水と食物も与えた。その後まもなく、ジョアンナはサンタ・クララ修道院に送られた」

ジョアンナ自身も王の愛人という危険な座にもどるより、修道院のほうがよほどましだと思ったことだろう。

エルサレム王国の再建に生涯を賭けていたピエール一世は、キプロスを留守にして東奔西走していたが、その間にも愛人を身ごもらせたりしていたらしい。嫉妬に狂ったピエール一世の妃エレノアは、いまのスペインとフランスの国境辺りにあった王国アラゴンからキプロスに嫁いで来た女性である。一三六九年、ピエール一世は暗殺され、彼女の幼い息子がピエール二世として即位するが、七三年、ジェノア軍が侵攻してくると、彼女はこのキレニア城で息を潜めて暮らした。エレノアもまた運命に翻弄され、波乱の人生を生きた中世の女であった。


キレニア城の歴史とはまったく関係ないが、この城にはもうひとつ、特筆に価する見ものがある。城の東側の部分を使った「難破船博物館」である。館内には、二千三百年前の難破船のレプリカが展示されている。本物は一九六五年、たまたまギルネ港の沖合で地元のダイバーによって発見された。

発見されたときは大騒ぎになり、ペンシルヴァニア大学のチームが、水深三〇メートルの海底から慎重に引き揚げ調査したところ、世界最古の難破船であることがわかった。長さ一三・七メートルの船体は松材だが、おそらく船食い虫から守るために鉛版で覆われていた。その結果、この船は二千数百年の歳月、海中にあって形をとどめていたらしい。

積荷はまさに驚嘆に価する。ロードス島やサモス島から積み込まれたらしいアムフォラが四百個。アムフォラとは古代ギリシア・ローマで多用された両手つきの壺である。中身はオリーヴ油か、ワインか。驚くべきは、船員たちの食料だったらしいアーモンドが大量に残っていたことだ。アルカイック時代のアーモンド！　食器やスプーンもある。発見された品々から、乗組員は四人、ロードス島からサモス島とコス島に寄り、アナトリアの港からもさまざまな品物を積み込んでキプロスに帰る途中だったことがわかった。考古学にとくべつの関心のない者でも、胸ときめく話ではないか。

キレニア城を出ると、海岸通りには陽光が溢れていた。眩しい太陽を避けてパラソルの下にすわると、地下牢が悪夢のように浮かんでくる。中世に生まれて王様の愛人なんかにならなくてよかったと、つくづく思ったことであった。

キプロスの華ベラ・パイース修道院

キプロスで最も美しい建造物といわれるベラ・パイース修道院は、ギルネ近郊の丘の上にあり、現在は博物館として一般に公開されている。町から歩く人も多いようだが、登り坂五キロと聞いて私はタクシイにした。

修道院のゲイトには、白地に赤で三日月と星を描いた〝北キプロス・トルコ共和国〟の旗がはためいていた。国連にも承認されていない国家だが、国旗だってちゃんとあるのだ。

一二〇六年、最初にこの地に、現在の修道院の前身「平和修道院」を建てたのは、フランスの修道会プレモントレ会であった。一一八七年、エルサレムがイスラムの英雄サラディンに征服されたとき、キプロスに逃れてきたプレモントレ教会の僧たちが、この地に修道院を建てたのだという。つまり、エルサレムが陥落しなかったら、キプロスにこの美しい修道院はなかったのだ。ちなみに、プレモントレ教会は聖アウグスティヌス会に属し、一一一九年、フランスのプレモントレで創設された教会である。

現在残っているベラ・パイース修道院のほとんどの部分は、ユーグ三世（一二六七〜八四在位）が再建したものである。一二四八年、第七次十字軍を率いたフランスのルイ九世はキプロス島に上陸したが、島を引き揚げるとき、同行してきた多くの建築家、画家、石工たちはキプロスにとどまった。この修道院を初め、キプロスに残るフランス・ゴシック建築は、彼らの貢献によってできたといわれる。

ユーグ王はベラ・パイースを愛し、この修道院長には特別の待遇を与えた。一二八四年、ユーグ王がエルサレムで死ぬと、遺体はニコシアのアヤ・ソフィア聖堂に納められたが、後に彼が愛したこの修道院の庭に埋葬された。当時、この修道院はローマ教皇に煙たがられるほどの権勢を誇っていたという。

ユーグ四世（一三二四〜五九在位）もまたこの修道院がお気に入りで、自分のための居室を造らせ、しばしばここに引き籠った。地中海を見はるかす丘の上の修道院のほうが、ファマグスタの居城よりはるかに居心地がよかったのだろう。

一四八九年、キプロスがヴェネツィアの支配下に入ると、修道院は破戒僧たちのアジトになっ

キプロス島の北の玄関口、ギルネ（キレニア）の港。

糸杉にかこまれたベラ・パイース修道院。
キプロスで最も美しい建造物と言われる。

た。坊主たちの多くが複数の妻を持ち、この修道院に暮らしていたというから恐れ入る。オスマン征服後は他のラテン教会と同様、ギリシア正教会に譲渡された。

天に向かって屹立する糸杉の繁みにかこまれて、修道院の堂々たる建物が見えてくる。手入れのゆきとどいた庭園。バラの香りと潮風。修道院の前庭にはカフェ&レストランができていて、西洋人観光客たちがお茶を飲んでいた。「ハロー。ウエルカム」と、仕事中の庭師が英語で言った。

入口の壁に〝石落とし〟がある。〝石落とし〟とは、襲撃してきた外敵に石を投げ落としたり、矢を射たり、熱湯をぶっかけたりするための装置である。中世の城にはよく設けられていたものだが、これでは修道院というより城塞ではないか。この僧院には防御が必要なほどの財産があったのだろうか。

堂内は威圧感を覚えるほど天井が高く、よく見れば、そこここに全盛時をしのばせる華麗な装飾が残っている。中庭の周囲の回廊に残るゴシック装飾にまず注目したい。回廊は十四世紀に造られたものだが、キャピタル（柱頭）を飾る草葉のデザイン、要石、アーケイドの上部に見られるトレイサリイ（ゴシック窓の装飾）などに、十四世紀の流麗なフランス・ゴシック様式の跡がうかがえる。

回廊の隅に、彫刻のあるローマ時代の大理石の石棺が置かれている。この辺りの古代墓地から運んできたものだろうが、呆れたことに修道僧たちはこれを洗濯槽に使っていたという。中に入っていたお骨はどうしたのだろう。

裏手に広い食堂がある。大勢の僧たちがこの細長い食堂に向かい合ってすわり、隣りの厨房から運ばれる質素な食事をとったのだろう。食堂と厨房の間の階段は地下の食料貯蔵庫へつづいている。

食堂の壁の高い位置に、聖書台がある。僧たちの食事中、高位の僧がこの聖書台にすわって聖書の一節を読み聞かせたのだろう。

回廊の南側にある教会は十三世紀の建築で、この修道院で最も古い部分である。教会の入口の上方に鐘楼がある。かつてはこの鐘楼から、朝な夕な修道僧のつく鐘の音が近隣の村々に響いていたのだろう。

教会と回廊の間の階段を昇ると、東翼部の階上にある僧たちの宿舎に行かれる。ヴェネツィアの破戒僧はべつとして、正教会時代の僧院は当然女人禁制であった。正教会の僧は髪も髭も切らない。老若の髭もじゃの僧たちがこの僧院の中で、朝夕に祈り、作業をして共同生活を営んでいたのである。

庭のオレンジの木陰にすわって、トルコの代表的な焼肉料理ドネル・ケバブを食べた。西欧的な中世の僧院と、いかにもトルコ的な焼肉料理のミスマッチがおかしい。

流れてくる音楽は「オオ・ソレ・ミオ」だ。中世の僧院に似合わない曲だなあと聞いていると、今度は「カルメン」の「ハバネラ」に変わった。もっと似合わないではないか。次は「ラ・ヴィ・アン・ローズ」……このカフェテリアでは、世界中から来る観光客のために、なんでもいいから世界中の人がよく知っている曲を流しているのだろう。
この僧院から「十字軍の小道」と呼ばれる古い坂道を下り、オザンキョイ村（カザファニ）へ出てギルネの町へ帰ることもできる。往時の舗石も残っている。

アラブの襲撃に備えたビザンティンの山城

ビザンティン時代後期には、アラブ人の襲撃に備えて次々に山城が築かれ、キプロス島は次第に要塞化していった。ギルネの町の背後に残る聖ヒラリオン城も、ビザンティン時代に建てられた典型的な山城である。建てられた時代は明確ではないが、一一九一年、第三次十字軍のリチャード獅子心王がキプロスに攻め入ったときには、すでに存在していたという。

昔、この山に、俗世を逃れて洞窟で隠遁生活を送っていた聖者がいた。聖者の死後、人々はその徳を讃えて修道院を建てたが、やがてそれが山城に改造された。聖ヒラリオンとはその聖者の名だといわれる。

山上に築かれた城は見晴らしがきき、敵の襲撃に対して防御しやすい。しかし、敵に包囲されたら、たちまち兵糧が尽き、飢餓から降伏に至ることになる。従って、山城には必ず貯水池が設けられていた。ヒラリオン城では山腹に畑がつくられ、羊まで飼われていた。

リュージニャン時代、この城は貴族たちの避暑地になった。キプロスの夏は暑い。彼らにも高原の風は魅力だったろう。リュージニャン朝の盛期には、この城内で騎士たちが騎乗槍試合大会を開催し、貴婦人たちは城の城壁からそれを観戦したという。そんなロマンティックな時代もあったが、ヴェネツィア時代以後、城は打ち捨てられ、荒れるにまかせてきた。山の斜面にひろがる広大な城跡を見て歩くこともできるが、麓からの眺めもピクチュアレスクである。

ヒラリオン城の東にブファヴェント城跡があり、さらに東にはカンタラ城跡がある。この二つも十一世紀に建てられた山城だが、容易に見学できるロケーションではないので気軽には出かけないほうがよい。

ギルネ近郊にはビザンティン時代の修道院や教会もいくつか残っている。とくに十二世紀のアンティフォンティス教会は保存状態もよく、多くのフレスコ画もある。貴重な文化遺産を〝敵〟の手に委ねているギリシア系キプロス人には口惜しいことであろう。

カラマン村の英国人リゾートと古代墓地

ギルネの西の丘の上に、カラマン（カラミ）村と呼ばれるイギリス人のリゾート村があると聞いていた。町から三キロ余だが、かなりの登り坂だというのでタクシイで行ってみた。

八十二年間イギリスの支配下にあったキプロス島は、イギリス人にとってなじみやすい土地なのだろう。ロンドンの冬は暗く寒い。休暇がとれたら南の島で太陽を満喫したいという人々にはキプロスは格好なリゾート地ということらしい。イギリスに比べたら、物価がはるかに安いことも魅力だろう。イギリス人と結婚している私の遠縁の女性も、毎年イースター休暇には、家族でキプロスに滞在している。

植民地時代から住みつづけている家族のほか、退職後、この島に生活の拠点を移している人もいるようだ。カラマン村には英国国教会も、英国人墓地もある。

車が丘を登りはじめると、たちまち眺望が開け、木の間がくれに輝く地中海が見えてくる。急坂を車が下りてきた。ハンドルを握っているのは、明らかにイギリス人と思われる老婦人だった。ギルネの町へ買物に行くためには、高齢者も急坂を運転しなければならないのだろう。

教会のある小さな広場でタクシイを降りた。ここが村のセンターだろう。車を帰して、村を散策した。小路を歩くと、緑の中にヨーロッパ式のしゃれた住宅が点在している。あたりはひっそりとして、人影もないが、窓にカーテンが揺れて、人の気配がする家もある。表札はイギリス人らしい名がほとんどだった。

小路には、トルコ語名と並んで「プラム・ウオーク」とか「ジェラニューム・レイン」「ストーニイ・レイン」など英語名が記されている。カフェテリアがあったが、閉まっていた。夏場だけ開くのだろう。庭で草花の手入れをしている奥さんに、どこか食事をするところはないか尋ねると、

「そこをまっすぐ行くと、クロウズ・ネストってお店がありますよ」

と、まごうかたないクイーンズ・イングリッシュで教えてくれた。

「クロウズ・ネスト」(鳥の巣)はその名のとおり、鳥の巣のように断崖の上にあった。店内は英国のパブのような造りで、イギリス人らしい主人と息子らしい少年が働いていた。緑が溢れるテラス席にすわって、ツナとレタスのサンドイッチを食べ、ミルク紅茶を飲んでいると、イギリ

スの田舎の食堂にいるような錯覚に陥りそうであった。

にぎやかな声がして、イギリス人男女十人ほどのグループがやってきた。ショートパンツに登山靴で汗まみれの彼らは、町から徒歩で登ってきたらしく、ビールを注文してぐいぐい飲みはじめた。南の島で休暇を過ごしに来たグループらしい。カラマンのリゾート村はキプロスでもトルコでもなかった。

カラマン村には古代墓地もある。キレニア地区に植民が始まったのは新石器時代である。この墓地からの出土品によって、キプロス人が青銅器時代からエジプトやクレタ島と交易していたことが証明されたという。墓地の入口の壁にはアナトリアの豊穣の女神キベレの彫刻がある。

西洋人観光客が来るギルネの町には、イタリア料理屋など、しゃれたレストランも、快適なホテルもある。トルコでは禁じられているカジノまである。

私が泊まったモーテルでは、トルコ東部の町ウルファから来たというクルド系トルコ人の若い男が働いていた。十九歳だがすでに結婚し、幼い娘もいるというその若者は、

「家族と離れて暮らしたくないけれど、ウルファは仕事がないんだよ」

と言った。それにしても、仕事もないのに、なぜ十八歳で結婚し、十九歳で父親になってしまうのか。

イスタンブールっ子の友人は、「田舎じゃあ、結婚でもしなかったら、することないからね」と笑って言うが、実際、トルコの地方都市で特技もない若者が仕事を得るのは、いまでも容易な

ことではない。仕事を求めて、東部から夏場だけエーゲ海岸や地中海岸のリゾート地にやってくる若者も少なくない。なにか仕事はないかと北キプロスに渡る連中もいる。言語も通貨も同じ北キプロスは、トルコ人にとって外国という気がしないのだろう。一九七四年以後、トルコ本土からの移住者や出稼ぎ人も増えている。

だが、北キプロスにおいしい仕事があるわけではもちろんない。外貨獲得のための重要な産業である観光業にしてからが、南と比べたら微々たるものだ。世界に承認されていない〝国家〟だから、農産物の輸出先もトルコ共和国だけである。

ひと昔前はヨーロッパに出稼ぎに行くトルコ人が多かったが、いまはヨーロッパはもちろん、日本にだって就職目的で入国するのは容易なことではない。逆に、北キプロスの若者の中には、この島には仕事はない、広いトルコ本土に行ったらチャンスがあるかもしれないと、島を出る者もいるが、その前途もまた厳しいものだろう。

Ⅵ　北レフコシャ（北ニコシア）

南北に分断された城内に西欧とオスマンが混在する

真っ二つに分断された島都

ギリシア人はこの都をニコシア（Nicosia）またはレフコシア（Lefkosia）と呼び、トルコ人はレフコシャ（Lefkoşa）と呼んでいる。都市や山や川までギリシア名とトルコ名があるキプロスは、外国人には面倒でやりきれないが、それが現状なのだからいたしかたない。

キプロス島のほぼ中心に位置するニコシアは、ビザンティン時代から島の首都であった。そのニコシアがいま、南北に分断され、旧市街の真ん中を〝国境線〟が貫いているのである。

南の立場で言えば「旧市街の北半分をトルコに占領されている」ということになる。南北の壁と壁の間は、国連が管理する緩衝地帯（グリーンライン）になっていて、二〇〇四年六月までは、通常の国境のようにパスポートを提示すれば通れるゲイトなどはなかった。

ニコシアの旧市街は、ヴェネツィア統治時代に築かれた城壁にかこまれている。円形をなした城壁の周囲は四・八三キロメートル。そんな狭い城内が真っ二つに分けられているのである。

ニコシアの町は標高一四〇メートルの丘の上にある。銅の採掘でキプロスが繁栄していた初期青銅器時代（紀元前二五〇〇～一九〇〇）、この地にはすでにいくつかの集落があったという。台地に集落を築くのは外敵から共同体を守るためで、珍しいことではない。キプロス最長の川ペディオスの流れの周辺に、農耕や牧畜を営む人々が自然に集まってきたのだろう。

四世紀頃まで、この集落はレドラと呼ばれていた。レフコシアという名は、紀元前三〇〇年頃、プトレマイオス一世の息子のレフコスがここに都市を築いたことに由来する。ニコシアと改名されたのは十三世紀、リュージニャン時代である。フランス人たちには、ギリシア語のレフコシアという名が発音しにくかったためだといわれる。トルコ人たちはそれをトルコ語的にレフコシャにした。

当初、集落は小さな農村に過ぎなかった。島の海岸が絶えずアラブの海賊の襲撃を受けるようになると、住民は内陸へ内陸へと移動し、ニコシアは都市となり、ビザンティン時代には島都となった。

ニコシアが最も繁栄したのはリュージニャン時代である。ニコシアは行政の中心になり、かつての集落は華やかな都に変貌した。旧市街の中心にいまも残るアヤ・ソフィア教会で王たちは戴冠式を挙げ、貴族たちは競って城内に華麗な邸を構えた。

だが、都の華やぎは一四二六年のマムルークの侵略で終った。リュージニャンにエジプト海岸を襲撃された仕返しに、マムルークはキプロスを襲い、首都ニコシアを略奪し、宮殿を焼いたのである。

旧市街をかこむ城壁はビザンティン時代からあったが、現存する堅固な城壁を建てたのはヴェネツィアである。

オスマン統治時代もニコシアはキプロスの首都であった。この時代、キプロスは帝国の僻地であり、経済活動は沈滞していた。地震や伝染病などの災害も島の繁栄を妨げた。それでも、教会がモスクに改装されたり、トルコ式のハマム（公衆浴場）や市場、ハン（宿泊所）などが建設されるなど、首都ニコシアのたたずまいにも東洋的雰囲気が加わっていった。

イギリス統治時代もニコシアは首都でありつづけた。ニコシアの町が城壁の外までひろがったのはイギリス統治時代である。オスマン時代、島の舗装道路はニコシアとラルナカを結ぶ一本だけだったが、イギリス統治時代になると、ニコシアを中心にキプロスの村々は道路網で結ばれた。また、鉄道が敷設され、ニコシアからファマグスタや、西方の町々にも列車で行かれるようになった。

その一方で、ギリシアとの併合をめざすギリシア系島民の運動「エノシス」が激化し、一九三一年、ニコシアのイギリス政庁の建物が焼討ちにあうという暴動も起こった。

一九七四年のクーデターのとき、「エノシス」を放棄したマカリオス大統領の官邸が、ギリシアの軍事政権に操られた〝キプロス兵〟たちに襲撃されたのもニコシアだった。首都の真ん中の官邸めがけて、どかんどかんと砲弾がぶち込まれたのである。

その年、トルコ軍はキプロスに上陸、島の北部三七パーセントを占領し、島都は真っ二つに分断された。八三年には北キプロス・トルコ共和国が独立を宣言して現在に至っている。

ヴェネツィアの城壁にかこまれた旧市街

北キプロスのギルネからニコシアへはミニバスが頻繁に出ている。ギルネの中心のバス乗り場で「このバス、レフコシャに行きますか」と尋ねると、「ああ、ニコシア行きだよ」と運転手は応えた。外国人にはニコシアのほうがわかりいいと思っているのだろう。

客が集まると発車するトルコ式のミニバスである。乗客は商用や買物で出かける地元の人ばかり。街を出たバスは人けのない田舎道を走り、二十分ほどでニコシアに着く。行く手に城壁が見えてくる。

キプロスを手に入れたヴェネツィアは、一五六七年、本国からジュリオ・サヴォルニャーノなる軍事技術者を招き、首都ニコシアに堅固な城壁を築かせた。「できる限り堅固に、できる限り早く」という要望に応えて、町の中心部の周囲に分厚い土塁が急造され、石材で蔽われた。リュージニャン時代の城壁は崩され、石材として使われた。巨大な城壁によって町の中心部は狭くなった。

円形の城壁の外側には、十一のハート型のバスティオン（城壁の突出部、堡塁《ほうるい》）が等間隔に突き出ている。壁の外側には空濠がめぐらされ、周辺の家々は大砲を据える空地をつくるために取り壊された。その際、リュージニャンの美しい教会や邸宅も破壊された。城壁の完成までに三年を要したという。

だが、すべては虚しかった。一五七〇年、難攻不落と思われたニコシアは、六週間の包囲の後、オスマンのララ・ムスタファ将軍の軍に降った。落城後、イスラムの慣習により三日間の略奪が許され、その間に二万人の住民が命を奪われたという。その後、ヴェネツィア軍はファマグスタの城に立て籠もって防戦に死力を尽くしたが、最後の牙城も落ち、三百年間のオスマン統治時代が始まったのである。

現在、ニコシア城壁内は南北に分断されているため、バスティオンは北側で五つ、南側で六つを見ることができる。

バスティオンの間に城門がある。ギルネ発のミニバスはそのまま城門を入り、城内の中央広場で停まった。いま、この広場はアタチュルク広場《メイダヌ》と名づけられている。バスを降りると、広場の真ん中に立つ花崗岩の円柱「ヴェネツィアの塔」がまず目につく。トルコ系市民はこれを単にディキリタシュ（オベリスク）と呼んでいる。

塔の高さは六メートル、見上げると、てっぺんに丸い球体が載っている。十六世紀初め、ヴェネツィア人がこれを建てたときには、てっぺんにヴェネツィアの象徴であるサン・マルコの獅子が載っていたのだが、一五七一年、ニコシアを征服したトルコ人はこの柱を撤去してしまった。敵軍の象徴を町の真ん中に立てておきたくなかったのだろう。

二十世紀初め、この円柱を見つけ、昔あった場所に再建したのは、キプロスを植民地にしたイギリス人であった。てっぺんに載っていたライオンは行方不明になっていたので、その代わりに銅製の地球儀を載せたのである。

塔の周囲にはベンチが置かれ、市民の憩いの場になっている。円柱の台座に、楯型の紋章が見える。ヴェネツィア貴族の紋章だという。観光客には興味深い歴史的モニュメントだが、広場を行き交う市民たちは当然のことながら、目をとめるふうもない。

広場の北西に、イギリス植民地時代の政庁だったコロニアル・スタイルの建物が立っている。ヴェネツィア時代にはここに王宮があったという。つまり、この広場がヴェネツィア時代からニコシア城内の中心だったのだ。

北側〝国境〟は意外に緊張感がなかった

古色蒼然とした石の建物が並ぶ城内の中心部は、トルコの古い町のようでありながら、中世の西欧の趣きもある。小路はひっそりとして、イスタンブールのような活気には欠けるが、それだけに中世の町の息づかいが感じられる。商店街の店の前では、男たちがトルコ本土と同じようにタウラ（バックギャモン）に興じ、焼肉料理ドネル・ケバブの匂いも漂ってくる。

若いトルコ兵の姿がやたらに目につく。たいてい二人組みで巡邏している。目が合うと、にっこりするから威圧感はまるでない。こちらが女性だからでもあろうが、にっこりだけでなく、ハローと言う兵隊さんもいた。

公園の木陰で休憩中らしい数人の若い兵隊に呼びとめられ、少しだけ雑談した。

「ああ、軍隊はもうたくさんだ。早くお家へ帰りたいよお」

イスタンブールっ子だという兵隊が缶コーラを飲みながら、おどけて言った。こちらが外国人だから、気を許して本音を言ったのだろう。

「お前、あと二か月か。いいよなあ。おれなんかまだ六か月あるんだぞ」

兵隊同士の雑談はそんなことばかりだった。キプロス勤務は危険な時期もあったし、休暇でも簡単には本土に帰れない。トルコは男子皆兵制だが、徴兵されてもキプロス勤務にはなりたくないというのが、若者たちの本音だという。キプロス勤務には僅かながら特別手当がつくという話も聞いたことがある。

頭上を飛ぶ飛行機の轟音が〝国境〟の町にいることを思い出させる。あてずっぽうに歩くうち〝国境〟に出た。「北キプロス・トルコ共和国」という文字と、白地に赤で三日月と星を描いた国旗が描かれた大きな看板が立っていて、いやでも〝国境〟だとわかる。

壁の切れたところに、白い遮断機が下りている。そのわきの建物に「北キプロス・トルコ共和国よ、永遠に」と英語で書いた黄色い看板が掲げられていた。「T. R. N. C.（北キプロス・トルコ共和国）へようこそ」という標識も出ている。

撮影禁止だろうか？　叱られたら、やめればいい。パシャパシャやっていると、建物から制服の係官らしい男が出てきて手招きした。近寄っていくと、係官はにこにこ顔で遮断機を上げ、「どうぞ、お入りなさい」と目顔で言った。ギリシア国境との間の一〇〇メートルくらいの緩衝地帯は、だれでも入っていいらしい。さっそく入れてもらったが、べつにおもしろいものはなにもない。道の両側に雑草が生い茂っているだけだ。

木陰に西洋人の観光客風中年夫婦がカメラを抱えてたたずんでいた。「ハロー」「こんにちは」と挨拶を交わす。

「あっちに国連兵がいるんだけど、写真撮っていいでしょうかね？」

「さあ、わからないけど、だめと言われたら、やめればいいんじゃありません？」

無責任に応えて、少し行くと、歩哨小屋が見えた。白い小屋に黒でUN（国連）という文字が大きく書いてある。迷彩服にブルーのベレーを小粋に被った兵隊が数人、銃を手に立っている。パシャパシャパシャと三回シャッターを切ったら、兵隊の一人がこちらに気づいたらしく、大きく銃を横に振った。「ノー」のサインだということはわかるが、「こっちへ来るな」と言っているのか、「写真を撮るな」という意味かわからない。どちらにしろ、銃を持ったやつを怒らせたら恐いから、さっさと退散した。

緩衝地帯を出て、改めて辺りを見まわすと、掲示板が目についた。無惨に殺されたトルコ人農民たちの累々たる死体の写真がある。英文の説明がついていた。

「一九六三年、百三のトルコ人の村がギリシア系キプロス人によって破壊され、二万四千人のトルコ系キプロス人が十一年間、住む家もなかった。一九七四年以後、大量殺戮《さつりく》はない」

しかし、外国人も訪れる〝国境〟に、このようなプロパガンダの掲示板を立てておくのはいかがなものか、ギリシア側にはギリシア側の言い分があるだろう、と思ったのだが……後日、南ニコシアへ行ってみて驚いた。南側の〝国境〟には観光客用のプロパガンダ小屋まで建てられ、キプロス紛争当時の〝トルコ軍の残虐さ〟を訴える刺激的な写真やポスターがずらりと展示されて、「ご感想をお書きください」というノートまで置いてあった。

憎しみの連鎖ということばが浮かぶ。外人観光客の国境の通行が自由化されたいま、プロパガ

広場の中央に立つ「ヴェネツィアの塔」。

タウラ（バックギャモン）に興じる男たち。
旧市街の商店街で。

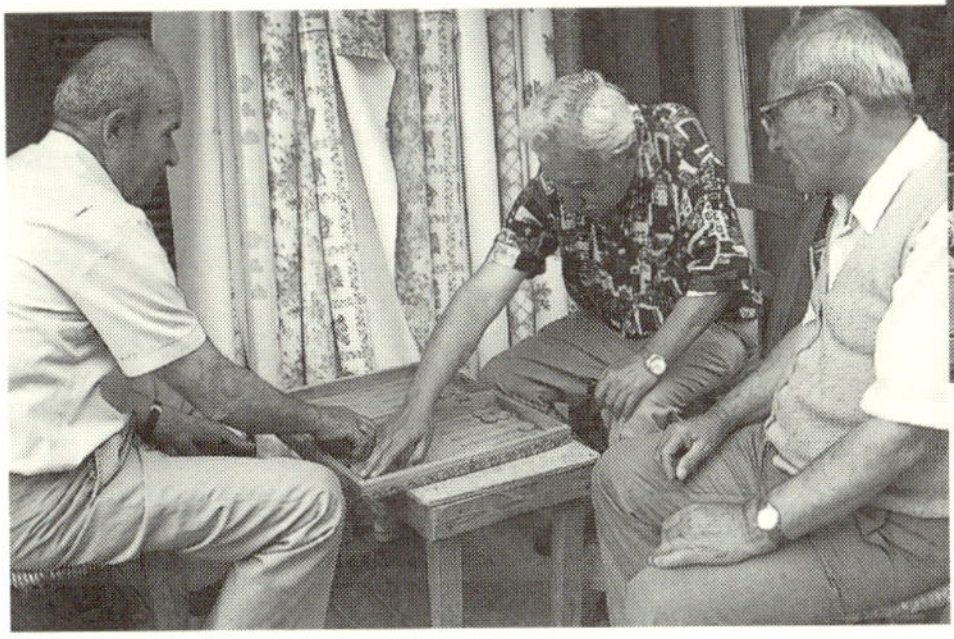

旧市街（城内）を二分する国境。白地に赤の三日月と星は〝北キプロス・トルコ共和国〟の国旗。

ンダ小屋はまだそのままにしてあるのだろうか。

アヤ・ソフィア教会とオスマン時代の遺産も

北ニコシア観光の最大の目玉は旧市街の中心に聳えるアヤ・ソフィア教会、すなわち現在のセリミエ・モスクである。北ニコシアに来て、ここを訪れないわけにはいかない。

フランス・ゴシック様式の堂々たる伽藍に、二本の尖塔が聳え立っているが、素人目にも建物に調和しているとは言いがたい。オスマン征服後、モスクに改装するために付加されたものだから当然と言えば当然だろう。セリミエ・モスクという名はキプロスを征服したセリム二世を記念してつけられた。

この教会を建てたのは、第七次十字軍としてキプロスに滞在していたフランス王ルイ九世（一二二六～七〇在位）である。十字軍に同行してきた技術者や職人がこの教会の建設のために働いた。完成したのはルイ王没後、半世紀の一三二六年。

その後、この教会はジェノア軍の侵攻の際に傷つき、マムルークの侵攻によってさらに破壊された。一四三二年、それを修復したのはリュージニャン朝のジャン二世（一四三二～五八在位）であった。彼は新装成った教会で戴冠式を挙げた。

一五七〇年、ニコシアがオスマン軍に征服される数日前、パフォスの大主教フランチェスコ・コンタリーニは住民を集め、この教会で最後のミサを行ったという。なにやら一四五三年のコンスタンティノープルの陥落前夜も、スタンティノープルの陥落を想い出させる話ではないか。コンスタンティノープルの陥落前夜も、市民はその名も同じアヤ・ソフィア教会に集い、起こるはずもない奇跡を求めてひたすら神に祈ったといわれる。

フランス人の観光客グループがガイドに連れられて来ていた。フランス系のリュージニャン朝が栄えたニコシアには、フランス人には特別の思い入れがあるのだろうか。モスクに改装された教会を見て、「あーあ、せっかくの美しいフランス・ゴシック建築に、トルコ人がへんな塔をくっつけちゃって」と思っているのかもしれない。

堂内は天井が高く、大きな窓から差し込む陽光で明るい。いまもモスクとして使われているから、内部は絨毯が敷かれ、ミフラブ（メッカの方向を示す壁龕《へきがん》）やミムベル（説教壇）が取ってつけたように設けられている。往時、この堂内で行われた西欧式の戴冠式を想像するのはむずかしかった。

セリミエ・モスクの南に、オスマン統治時代のベデステン（屋根つきバザール）がある。この建物も、その昔はギリシア正教の大主教座だったという。南側の部分は十二世紀の建築、中央部と北側は十五世紀に改築された。古びてはいるが、往時の壮麗さをしのぶことはできる。

ビュユック・ハマム（大浴場）という看板を掲げた建物の前に、男が二人、所在なげにすわってチャイを飲んでいた。いかにもトルコ的なのどかな眺めである。

現在も営業しているこの浴場は、リュージニャン時代のサン・ジョルジョ教会跡に建てられたと推測されている。入口に見られる装飾的なアーチは教会に使われていたものだろう。入口が半地下になっているのは、何百年という時の流れの間に、道路の地盤が隆起したためといわれる。

それにしても、島の中心部でこれほど地盤が隆起したり沈下したりしているのか。ちょっと恐ろしい。キプロスは地震も多いらしい。南北問題でもめている場合ではないだろう、と言いたくなる。

浴場のそばに、オスマン時代のキャラバンサライ（隊商宿）だった建物が二つ残っている。当時の隊商宿は旅人の宿泊施設だっただけでなく、商品が保管され、売買される商業センターでもあった。

隊商宿のひとつ、ビュユック・ハンはオスマン征服後まもない一五七二年に建てられた。キプロスにおけるオスマンの最も重要な建築物といっていい。キプロスの初代総督に任じられたムザッフェル・パシャは、アナトリアと同じ様式の隊商宿を建てることでオスマンの威信を示したかったのだろう。

現在、このビュユック・ハンはみごとに修復されてショッピング・モールになり、手編みレースなどの手工芸品が並んでいるそうだが、私が訪れたときは修復中とかで、内部には入れなかった。外からのぞくと、中庭に小さなメスジット（礼拝所）が見えた。その下部には手足を清める水場も設置されていた。

建物は二階建てで、往時、一階は店舗と倉庫、二階が宿泊用の個室として使われていた。オスマン征服当時をしのばせる貴重な建物だが、イギリス統治時代には「エオカ」の過激派をぶち込む牢獄として使われたという。

もうひとつの隊商宿、クマルジュラル・ハンはよく整備され、博物館として公開されていた。

アヤ・ソフィア大聖堂。オスマン征服後、モスクに改装され、セリミエ・モスクと名づけられた。

オスマン時代のハマム（トルコ式大衆浴場）。いまも営業している。

典型的な隊商宿、クマルジュラル・ハンの中庭。

二階の回廊がアーケイドになった典型的な隊商宿建築だが、このハンもリュージニャン時代の建造物の跡に建てたらしく、中庭への通路にゴシック建築の一部が見られる。クマルジュラルとはトルコ語で賭博師の意味だが、昔、ギャンブラーの溜まり場だったのだろうか。

アヤ・ソフィアと向き合って立つ、円屋根を戴いた建物は、改革派と言われたマフムート二世の図書館である。一八二九年に建てられたこの図書館には、スルタンの寄贈本のほか、アラブ語、トルコ語、ペルシャ語の古文書があるというが、観光客が少ないためか、いつも閉館している。

その近くにある石細工博物館も閉館中。ヴェネツィア時代の建物を修復した館内には、彫刻大理石の棺や石板、円柱の柱頭や台座、紋章等々、古代から中世に至る数々の石の芸術品が集められているという。この島に真の平和が訪れ、北キプロスにも経済的余裕が生じれば、古い建物群も整備され、中世の西欧とオスマンと現在が混在する、魅力ある旧市街がよみがえることだろう。

Ⅶ　ガジマーウサ（ファマグスタ）

城壁内の旧市街に残るリュージニャンの大聖堂や「オセローの城」

紀元前十一世紀には都市があった

古都ファマグスタをこの目で見ておきたかったのも、私が北キプロスを訪れた理由のひとつである。

この町はいまもファマグスタ（Famagusta）という名のほうが通りがよいが、住民であるトルコ系キプロス人たちはガジマーウサ（Gazimagusa）、略してマゴーサ（Magosa）と呼んでいる。キプロス島の尻尾のように東へ長くのびた半島の付け根に位置する古都ファマグスタは、一九七四年の南北分断以来、〝国境〟ぎりぎりのところで〝北キプロス・トルコ共和国〟の領土に入っている。

分断後、南にいたトルコ系住民が北へ、北にいたギリシア系住民が南へ移住する〝住民交換〟が行われたが、そのとき最も多くのギリシア系住民が故郷を去ることになったのがファマグスタだという。

南キプロスのラルナカを訪れたとき、ホテルの主人やタクシイの運転手など、たまたま話をした人の中に、三十年近くまえ、住民交換でファマグスタから移住してきたという人が何人もいた。

住民交換は南北の島民にとって、故郷を追われる悲劇となった。故郷を去った人々のその後の三十年は、それぞれに波乱に富んだものだったろう。キプロス問題はいずれは再統合の形で解決されるのだろうが、そのためにふたたび強制移住という悲劇を起こしてはならない。

地図を見ると、ガジマーウサの少し北に、サラミスの遺跡がある。このサラミスがファマグスタという都市の前身である。

サラミスの歴史はホメロスの「イリアド」に始まる。アテネに近いサラミス島の王テラモンの息子テウクロスが、父王に追放されて出帆し、上陸したところがキプロス島のこの浜辺だった。テウクロスはそこに町を築き、故国の名をとってサラミスと名づけたという。確かにギリシアの首都アテネのすぐ西に、いまもサラミスという小さな島がある。テウクロスがトロイ戦争の帰途にキプロス島を見つけて上陸したという説もあるが、トロイからアテネへの帰途にキプロス島を見つけるのは、いささか不自然ではある。

いずれにしても、紀元前十一世紀には、この地に港やネクロポリス（共同墓地）を持った都市があったことは事実らしい。

紀元前二八五年、アレクサンドロス大王没後のヘレニズム時代、エジプトに誕生したプトレマイオス朝がキプロスをも領土とし、サラミスに新たな都市を築いたのである。植民した人々はこの町をアモコストス（砂に埋もれた町）と呼び、それがなまってファマグスタになったといわれている。

十字軍が繁栄させた都ファマグスタ

ローマ時代、ファマグスタの前身サラミスは東方世界最大の商業港であった。ローマ皇帝アウグストゥス（紀元前二七～後一四在位）は、キプロスに港や道路、水道橋、市場、劇場などの公共施設を造った。サラミスの遺跡に残る巨大な広場はローマ最大の広場であった。ローマ時代、サラミスは北海岸のキレニア（ギルネ）とともに、ワイン、銅、オリーヴ油などをローマに輸出し繁栄した。エーゲ海の島々と同様、キプロス島にも古代からオリーヴが豊かに繁茂していたのだろう。

だが、この遺跡は十九世紀まで見捨てられ、荒れるにまかせていた。組織的な発掘が始まったのは一九五〇年頃だというが、いままた作業は中止され、ローマ時代の劇場、体育館、浴場跡などが、ときたま訪れる見学者の目を見張らせている。

キプロスの首都といえばニコシアだが、ローマ時代からビザンティン時代の初期まで、キプロスの中心はサラミスだったのである。

また、キリスト教の布教に最も貢献した聖パウロと聖バルナバは、サラミスからパフォスまでキプロス島を旅して伝道をつづけた。キプロス島には初期キリスト教ゆかりの伝説やモニュメントが多く残っている。

七〇年には、エルサレムから多くのユダヤ人がサラミスに移住してきた。エルサレムで暴動を起こしたユダヤ人が、ローマ人に追われたのである。だが、彼らはサラミスでも反乱を起こしたため、ローマ政府によって追放された。

コンスタンティヌス帝がビザンティウムを都とし、コンスタンティノープルと名づけた三三〇年、キプロスもビザンティン帝国の領土となった。ヘレニズム時代とローマ時代の大地震によって大きく破壊されたサラミスを再建したのはコンスタンティウス帝（三三七〜三六一在位）である。彼は復活させた都サラミスを自らの名にちなんでコンスタンティアと名づけた。

六四七年には、シリアの支配者である、ウマイヤ朝のムアウイヤが艦隊を率いて攻め寄せ、コンスタンティアを略奪したこともあった。アラブの襲撃はその後もつづいた。アナトリアからも、パレスチナからも目と鼻の先のキプロス島は、常時、外敵の侵略に曝されていた。コンスタンティアは東からの襲撃の標的になっていた。

九世紀から十世紀、アラブの襲撃に耐えかねたコンスタンティアの住民は、ついに町を捨てて逃げ出し、数キロ南に集落をつくって定住した。この定住地がファマグスタ（ガジマーウサ）の前身である。

十二世紀には、アルメニア人たちがアナトリアに拡大したセルジュク・トルコに追われ、大挙して海を渡り、キプロス島へ逃げ込んできたこともあった。ビザンティン皇帝ヨアンネス二世コムネヌス（一一一八〜四三在位）は、アルメニア難民のファマグスタ移住を許可した。そのため、都市の人口は増大した。

ファマグスタを繁栄させたのは十字軍である。十字軍の遠征によって、この都は商人や巡礼者が聖地を往復する際の中継地になった。ファマグスタは地中海一の交易センターとして、近東と西洋を結ぶ架け橋として、大いに富み栄えた。リュージニャン時代、この町には数多くの教会や宮殿、邸宅が建てられていたという。西洋から、中近東から、さまざまな人々が来て住み着いたファマグスタは活気に溢れていた。

ファマグスタには三百六十五もの教会があったといわれるが、いくらなんでもこの狭い城内に、それはあり得ないとする説を私は取りたい。いまは廃墟となっているものも含めて、多くて二十前後が妥当であろう。

八か月の包囲に耐えた城壁

ギルネからガジマーウサにもミニバスが頻繁に出ている。地元のトルコ系の人々はマゴーサと呼びならわし、ガジマーウサなどとはだれも言わない。ミニバスの標識には「G・マゴーサ行き」と書いてあった。

バスは小高い丘を登っては下り、オリーヴ畑を抜ける。道端で手を挙げる人がいれば、どこでも停まる田舎のバスだ。やがて、左手に遠く、青い地中海が見えてくる。海辺に並ぶ白い家々はサマーハウスらしい。トルコ本土の人たちの別荘かもしれない。白い壁にブーゲンビリアやハイビスカスの真紅が眩しい。照りつける太陽も、風景も、亜熱帯である。

おんぼろバスの窓枠をふと見ると、「窓から顔や手を出すと危険です」と、懐かしの日本語で書かれた金属プレートが貼りつけてあった。日本の中古車は北キプロスにまで輸出されているのだ。ジェトロのHPを見たら、日本から北キプロスへの輸出品の項目に、古自動車、自動車部品（二〇〇三年）とあった。

ギルネから三、四十分でガジマーウサに着く。トルコでは全国どこの町へ行っても、中央広場には必ずアタチュルクの銅像が立っているが、マゴーサの広場にもアタチュルクはちゃんと立っていた。

その向こうに古い城壁が見える。土地の人がカレーチ（城内）と呼ぶ旧市街である。その南にはマゴーサの新市街がひろがっている。

城門のすぐ外に、鄙《ひな》びた茶店があった。ひと息入れて、主人と話した。

「カレーチにもホテルはいくつかあるが、いちばんいいのはアルトゥン・タブヤだね」

と言う。アルトゥン・タブヤとは「黄金の要塞」である。


一五七一年、八か月におよぶオスマン軍の包囲に耐えた城壁を改めて眺める。城壁の高さは一五メートル余、厚さはなんと七・六メートルある。これが陸の城門で、海岸には船のための海の門がある。

城門のわきに半月型のバスティオン（堡塁《ほうるい》）が突き出ている。ここに大砲が据えられたらしい。城壁を設計したのはヴェネツィアから来た建築家ジョヴァンニ・サンミケーレだが、彼はこの城壁の完成を見ずに、一五五九年、熱病で死んだという。南国の太陽の下の突貫工事で日射病に罹ったのかもしれない。だが、ファマグスタ落城後も城壁は残り、いま、中世建築の貴重な好例のひとつといわれている。建築家ももって瞑すべきであろう。

攻防戦の際、最も激烈な戦闘があったのは、この陸の門の周辺だった。オスマン軍はまずこの城門わきの堡塁を占拠して気勢を上げたが、たちまちヴェネツィア軍に堡塁ごと爆破され、多くの犠牲者を出した。現存する堡塁は征服後、オスマンが再建したものである。巨大な堡塁の中には多くの部屋や地下牢があり、城壁上に大砲を引き揚げるための傾斜路も造られていたという。

ヴェネツィア軍の総司令官マルコ・アントニオ・ブラガディーノは本国からの援軍を信じて八か月間、ひたすら防戦に努めたが、ついに力尽き、オスマン軍に降伏した。だが、ブラガディーノの不遜な態度がオスマン軍のララ・ムスタファ将軍の怒りを買い、将官たちとともに処刑された。


城壁内に入ると、心なしか街の雰囲気は一変する。この城壁の中には、いまも中世が生きている。道なりに行くと、ホテル「アルトゥン・タブヤ」はすぐ見つかった。こぎれいな構えだったが、私はあえて古い木造の邸宅を改装した安ホテルに泊まった。ペンキを塗りたくってあるが、百年以上はたつ家だろう。この安宿を根城に、私はさして広くない城内を歩きまわり、心ゆくまで中世彷徨を楽しんだ。

リュージニャンの王宮跡と聖ニコラス大聖堂

城壁内のメイン・ストリートには土産物屋など商店が並んでいるが、トルコ本土の町にくらべると、いまひとつ活気に欠ける。経済の停滞と〝世界に認められていない国家〟という現状が、思いなしか北キプロス全土に暗い影を落としているようにも見える。

旧市街の中心は広大な広場になっている。広場の向こうに、かつての聖ニコラス大聖堂、現在のララ・ムスタファ・パシャ・モスクの堂々たる大伽藍が、あたりを睥睨《へいげい》するように聳え立っている。オスマン征服後、モスクに改装されたとき、尖塔が付加され、前面にイスラム式の泉が造られたが、この建物はどう見てもフランス・ゴシック建築である。

十四世紀、アンティオキア公国（現在のトルコのアンタキヤ）の女大公イザベルが、「われ亡き後はその遺骸をこの教会の境内に埋葬するように」という条件で、この教会の建築資金を提供したという。献堂式は一三二六年に行われた。

リュージニャン朝の王は当時すでにキプロスとエルサレムの王を兼任していたが、エルサレム王としての戴冠式はこの聖ニコラス大聖堂を式場とした。

はからずもリュージニャン朝の最後の支配者になった、ヴェネツィア生まれのカテリーナ・コルネーロが、一四七二年、ジャック二世と結婚式を挙げたのもこの大聖堂であった。リュージニャン朝の王宮はいまは廃墟と化しているが、当時は広場を挟んで大聖堂と対峙していた。十八歳の花嫁カテリーナは三十二歳の美丈夫ジャック二世とともに、王宮を出て大聖堂へ向かったのだろう。ヴェネツィアから持参した豪華な花嫁衣装のまま、歩いて広場を横切ったのだろうか。短い距離だが、馬車に乗ったのだろうか。その日も今日と同じように、南国の太陽が眩しく輝いていたことだろう。はるばるとヴェネツィアからやってきた初々しい花嫁をひと目見ようという人々で、広場は埋めつくされていたことだろう。

それから十数年後、夫も子も失い、三十五歳になった女王カテリーナは、故国ヴェネツィアの圧力によって、同じこの大聖堂で自ら退位の署名をし、キプロスの支配者としての王冠をわが手で脱いだ。三百年つづいたリュージニャン朝は終焉を迎えた。

オスマン征服後、モスクに変えられた聖堂は当初はアヤ・ソフィア・モスクと呼ばれていたが、その後、征服戦の総司令官であった将軍を記念してララ・ムスタファ・パシャ・モスクと改名された。

堂内は天井が高く、どっしりとした石積みの円柱、窓の繊細な透かし彫刻などが、いまもみごとに美しい。モスクに改装された際に設けられた大理石のミフラブや説教壇も、レフコシャのセリミエ・モスクよりはずっと違和感なく調和して見える。

私が訪れた日、このモスクで葬式があったらしく、前庭に地元の人々がたむろしていた。やがて棺を担いだ男たちが出てきて、墓地のほうへ行った。スカーフを被った女たちが前庭に残り、男たちが帰ってくるのを待っている。夫を失ったらしい女が泣きじゃくるのを、他の女たちが肩を抱いて慰めている。ここはすでにイスラムのモスクであった。ちなみに、トルコの慣習では、女は埋葬には立ち会わない。

広場を挟んで、大聖堂と向き合うようにリュージニャンの王宮跡がある。王宮は壮麗かつ広大なものだったらしいが、いま残っているのは、ヴェネツィアが付加したファサード（建物の前部）

だけである。アーチが三つ並んだファサードの上に、ヴェネツィア貴族の紋章がしっかりと残っている。

ファサードの背後には、建物はなにもない。ところどころに王宮の一部だったらしい、大理石の円柱の台座などが散らばっているだけだ。木陰にはプラスティックの白い椅子が置かれ、市民の憩いの場になっている。リュージニャン王朝華やかなりし頃は夢のまた夢、六百年の昔である。

オスマン時代、キプロスは流刑地であり、荒れ果てた王宮は牢獄として使われていたという。キプロスは当時、鳥も通わぬ僻地だったのだ。

王宮跡の一隅に、こぢんまりした建物があって「ナムク・ケマル博物館」という看板が出ている。十九世紀オスマン帝国史に重要な役割を果たした詩人・知識人であり、改革啓蒙主義者であったナムク・ケマル（一八四〇〜八八）の名は、トルコ人なら小学生でも知っている。ルソーやモンテスキューの著作を翻訳出版し、時のスルタン、アブデュルアジズの逆鱗に触れ、反逆者としてキプロスに流されたナムク・ケマルが住んでいた家である。

十九世紀中葉、近代化に乗り遅れたオスマン帝国は経済的危機に瀕していた。だが、スルタン・アブデュルアジズは現実から目をそらし、浪費と遊興に明け暮れていた。このままでは、オスマン帝国は近い将来、西欧列強の餌食となり滅亡してしまう。

一八六五年、イスタンブールの若い知識人たちが決然と立って「新オスマン人」という運動を起こした。「新オスマン人」は西洋のリベラルな思想とイスラムの伝統とを合致させようという運動であった。彼らはメディアを通じ、ペンによって民主主義、民族主義、愛国主義の思想を民

ミフラブ（メッカの方向を示す壁龕）と
説教壇が設けられてモスクになった
聖ニコラス大聖堂の内部。

衆に訴えた。ナムク・ケマルはこの運動の指導者の一人であった。

彼らはオスマン帝国政府を批判する文章を新聞に発表したため、〝新聞法違反〟という妙な罪に問われた。メンバーのある者はパリに逃れたが、ナムク・ケマルは一八六七年、逮捕され、キプロス島に送られたのである。

三年後、アブデュルアジズは抵抗勢力によって退位させられ、甥のムラト五世が即位して、ナムク・ケマルは呼びもどされた。いま、ケマルはトルコの啓蒙的知識人として高く評価されているが、彼の主張は初期イスラムへの回帰こそが救国の道というものであり、後のアタチュルクの政教分離の思想には及ばなかった。

博物館にはナムク・ケマルゆかりの写真や文書などが展示されていた。危機に瀕したイスタンブールを遠く離れ、囚われの身のナムク・ケマルはこの家で焦燥の日々を送っていたのだろう。輝かしい太陽と海風が詩人の慰めになっただろうか。

「オセローの塔」という名の海辺の城塞

歴史がぎっしりと詰まった城内の北西の海辺に、「オセローの塔」と呼ばれる城塞がある。申すまでもなくシェイクスピアの悲劇「オセロー」の主人公は実在の人物ではない。この城塞が「オセローの塔」と呼ばれるようになったのは、キプロスがイギリスの植民地になってからである。新しい植民地に移住してきたイギリス人たちは、この城塞をイギリスが誇るシェイクスピア劇の舞台にしたかったのだろう。世界には「ロミオとジュリエットの墓」も「ハムレットの城」

もあるのだから、「オセローの塔」があっても、まあいいだろう。

港に向かう道に、「オセローの塔」という英語の標識が出ていた。観光客が喜びそうなこのネーミングを、トルコ人もそのまま使うことにしたのだろう。

城塞の主門のアーチの上に、ヴェネツィアの象徴である、翼を持ったライオンのレリーフが掲げられていた。

城門の写真を撮って、城内に入ろうとすると、入場券売り場のおにいさんが「まず海の門を見てください」と案内してくれた。海に向かって石の門が立っている。おにいさんが黙って門の上を指差した。ヴェネツィアの聖マルコのライオンのそばに、この門を造ったヴェネツィアの貴族ニコロ・プリオリの名が読みとれる。

十四世紀、東西貿易で繁栄する港の防衛のために、最初にこの城を建てたのはリュージニャン朝であった。昔は周囲に濠がめぐらされていたというが、いまはない。

リュージニャンからキプロスを奪ったヴェネツィアは、一四九二年、この城を大々的に改造した。もちろん、迫りくるオスマンの脅威に備えるためであった。砲撃に対して堅固にするため、土塁を石で蔽ってあるのは、キレニア城と同じである。ヴェネツィアは城の二階部分を取り壊し、砲撃用の円形の塔を付加した。濠を渡ってくる敵軍を真上から狙い撃ちするためのものだろう。

城はキレニア城と同様、シンプルな構成で、長方形の建物が中庭をかこみ、四隅に塔が立っている。内部は荒れるにまかせているが、往時はここに多くの将兵が寝泊りし、広い中庭では兵士たちの訓練や閲兵も行われていたのだろう。

それにしても、はるばるとヴェネツィアからキプロスまでやってきたデズデモーナが、愛する夫にあらぬ疑いをかけられて殺されたのが、この殺風景な石の城ではあまりに哀れである。

階上に出てみた。二階はみごとに取り壊されているから、二階と言うより屋上と言ったほうがいい。眺望がすばらしい。かつては殷賑《いんしん》をきわめたファマグスタの港も、日暮れどきだったからか、人影もなかった。中世のファマグスタを描いた古地図を見ると、港には堤防が築かれ、多くの帆船が浮かんでいる。

頭をめぐらすと、旧市街の街並みが見える。ひときわ高く聳え立つのは、聖ニコラス大聖堂である。十字軍の兵士も、ヴェネツィアの将校も、この高みから地中海を眺め、故国に思いを馳せたのだろうか。

一九七〇年代初頭、「エオカ」のテロリストが暴れていた頃、ファマグスタのトルコ系住民はギリシア系住民との軋轢《あつれき》を避けて、この城に立てこもっていたともいう。

中央広場の聖ニコラス大聖堂のすぐ近くに、土産物屋のような店があった。ガラスケースの中に、きれいなレースのクロスが並んでいる。老主人が茶色くなった一枚の写真を持ち出してきた。

「私は考古学をやっていてね、トルコの首相がキプロスに来たとき、オセローの塔を案内したんだよ」

若かりし日、栄誉ある首相の案内役をしたことが主人の自慢らしかった。この島で遺跡の発掘や調査に携わっていた人だろう。

ケースの中の布はみごとなレース刺繡のクロスだった。有名なレフカラのレースだと、老主人は言った。

南キプロスのラルナカの西に位置する町レフカラは、昔から特産のレースで知られている。しかし、南北分断後、南のレースが〝国境〟を越えて北に流入してくるのだろうか。不思議な気がして尋ねると、老主人は言った。

「つくっているのはこの近在の女たちだが、このデザインもテクニックもレフカラのものさ。この十字模様はクルセイダーズ（十字軍）の十字だよ」

その後、南キプロスでもレフカラのレースを見たが、デザインも技法もこの店のものとまったく同じだった。レフカラのレースはヴェネツィア統治時代（一四八九〜一五七一）にはすでにキプロスを代表する特産品になっていたというから、それから数百年、キプロスの伝統手芸として島の各地にひろがったのだろう。ガジマーウサ近在の女性がこの技術を習いおぼえていたとしても不思議はない。

リュージニャン朝最後の主権者カテリーナが女王の座にあった一四八一年、かのレオナルド・ダ・ヴィンチがキプロス島を訪れたという話がある。伝承によると、ダ・ヴィンチはキプロス島中部の町レフカラを訪れて、この地に伝わるレースの美しさに惹かれ、ミラノの大聖堂のために一枚のレースを買ったという。その真偽はともかく、レフカラのレースはいまもキプロスの誇る手工芸品として人気がある。

リュージニャン時代にはヴェネツィアやジェノアの商人たちがせっせとキプロスを訪れていた

から、若いダ・ヴィンチがふらりと島に現れたとしても不思議はない。

白い麻地に白糸で十字の刺繍と透かし模様を入れたクロスは、現代の感覚で見てもじゅうぶんに美しい。キプロス探訪記念に、私も小さなクロス二枚を買った。

テムプル騎士団の夢の跡

ファマグスタの城内は狭いから、どこでも歩いて行かれる。

リュージニャンが建てたという「ラテン人の聖ジョルジョ教会」はまさに廃墟であった。南側の壁と天井は完全になくなっている。一五七一年のオスマン軍の砲撃はすさまじいものだったろう。人通りもない道のかたわらに、青空をバックに黒々とそそりたつ石の遺構は、恐竜の骨のように見えた。風雨に曝され、荒れるにまかせ、いまにも音を立てて崩れそうに見えるが、それでもその昔の壮麗なゴシック教会の姿を想像することはできる。

この教会は十三世紀末、ファマグスタのすぐ北のサラミスの遺跡に残っていたローマ神殿を壊し、それを建材として建てたものだといわれる。古代の建造物を臆するところなく破壊し、建材として使うのは十字軍の得意技である。トルコ本土の西南端の町ボドゥルム（古代のハルカリナッソス）の海辺にも、十字軍が築いた城がいまも残っているが、彼らは紀元前三〇〇年代に建てられた「世界七不思議」のひとつとされるモーソラス王の霊廟モーソレアムを壊し、城の建材として使ってしまったのである。

ちなみに、この城内には「ギリシア人の聖ゲオルギオス（＝ジョルジョ）教会」もある。パレスチナから逃げてきた十字軍の落ち武者たちが建てたカトリック教会が「ラテン人の教会」で、地元ギリシア島民が建てた正教会が「ギリシア人の教会」である。

この町で買った『北キプロス』という本の聖ジョルジョ教会の項を見ると、「祭壇の上の壁龕《へきがん》に聖ジョルジョの像が置かれていたことはまちがいない」とあるが、もちろん、そんなものはいま、跡形もない。

鳥の群れがやってきて、聳え立つ教会の上に一列に並んでとまった。鳥たちは巨大な動物の亡骸をついばみにきたかのように見えた。

地図を見ながら「双子の教会」も訪ねてみた。四角い黄土色の古びた石の建物が二つ、なるほど双子のように並んでいる。どちらも門扉は堅く閉ざされ、管理者もいないようだった。大きいほうの教会は十四世紀初め、テムプル騎士団によって建てられ、聖アントニウスに捧げられたものだという。エルサレム王国誕生後、テムプル騎士団の本拠は一時、キプロス島に置かれていた。いかにも西欧的な石積みの建物と、門の上に残る十字の紋章を見つめていると、たちまち私はタイムトリップする。突然、教会の厚い木の扉がギギーッと音を立てて開き、鎖帷子《くさりかたびら》の上に、白地に紅十字も鮮やかな聖衣を着て、槍と楯を手にした騎士たちの一団が走り出てきた……。

一一一九年、結成されたテムプル騎士団は、最初は聖地への巡礼者を護衛することを任務とした僧兵集団であったが、次第に経済力を備えた政治勢力に変容していった。だが、その末路は哀れだった。フランス王フィリップ四世が騎士団の資産をねらったのである。

フィリップ王は教皇クレメンス五世を抱きこみ、テムプル騎士団を瀆神《とくしん》と異端の嫌疑で弾劾した。結局、騎士団総長以下、二千人もの騎士たちが捕らえられ、残酷きわまりない拷問によって自白を強要され、無実の罪で火刑に処されたのである。受刑者の苦痛を長引かせるために、とろ火で焼かれたというのだから、中世の拷問は恐ろしい。十三世紀にはエルサレム王国を支配していたテムプル騎士団も、一三一二年、壊滅した。

いまも残るこの教会は、ホスピタリエレ騎士団に引き継がれ、ヴェネツィア統治時代も教会として使われていた。十字軍とは、またテムプル騎士団とは、西欧の歴史の中で、いったいなんだったのだろうか。

現在、扉はしっかり施錠され、教会の内部を見ることはできなかった。この辺り、ゴーストタウンのように人通りはほとんどない。かつて繁栄したファマグスタの中心だった城内は化石となり、新しい市街は城外の南へひろがっている。私はしばらく道端にたたずんで、打ち捨てられたように立つ双子の教会を眺めていた。

古代ローマが静かに眠るサラミスの遺跡

ガジマーウサまで来て、町の数キロ北にあるサラミスの遺跡を見ずに帰るわけにはいかない。古代都市サラミスこそファマグスタの前身なのだから。

この遺跡の発掘が始まったのは二十世紀の中頃だが、それ以前、英国植民地時代に、アマチュ

オセローの塔。門の上のレリーフはヴェネツィアのサン・マルコの獅子。

荒れるにまかせた聖ジョルジョ教会の遺構。

ア考古学者たちが掘りはじめ、相当な出土品を大英博物館に持って行ってしまったという話である。

サラミスにはガジマーウサからタクシイですぐだが、ギルネやレフコシャからでも軽く日帰りで行かれる。ローマ時代の遺跡は木だちや野草の緑に半ば埋もれているが、円形劇場や体育館、浴場、市場などの跡を見ることができる。南国の太陽がぎらぎらと照りつける下で、自然の中に放置されたサラミスの都市跡は、整備された遺跡より想像力をかきたてるものがある。林立する大理石の円柱が青空に映えて白く眩しい。往時、サラミスの街は色漆喰《しっくい》を塗った柱や、彩色された彫像、モザイクなどでカラフルに彩られていたという。北キプロスを訪れたら、一日を費やす価値はじゅうぶんにあろう。

これだけの壮大な遺跡が二十世紀までほとんど砂の下に眠りつづけていたとは信じがたいことである。

サラミスには聖パウロと伝道の旅をともにした聖バルナバを記念する美しい修道院もある。バルナバはサラミス生まれのユダヤ人だったが、エルサレムに渡ってキリスト教に帰依し、故郷に帰ってその伝道に努めた。だが、そのために殺害され、一本のキャロップ（イナゴ豆）の木の下に埋められた。それから四百三十二年後、殉教者バルナバの墓は掘り起こされ、福音書のマタイ伝を胸に抱えた遺骸は、時のビザンティン皇帝ゼノン（四七四〜九一在位）の許に送られた。四七七年、ゼノンはバルナバの墓のあった場所に修道院を建てさせた。その後、一七五六年、オスマン統治時代に、ギリシア正教の大主教フィロテオスが再建したのが現在の修道院である。

ガジマーウサで私が忘れられないのは、鄙《ひな》びたロカンタ（食堂）の葡萄棚の下で食べたピルゾラ（ラム・チョップ）の味と、もうひとつ、古い邸宅を改装した安ホテルである。

ピルゾラは子羊の骨つき腿肉を塩・胡椒・ガーリックで焼いただけのものだが、香りがよく、味が濃いのにくせがなく、こんなおいしいラムはトルコ本土でもなかなか遭遇できない。

「知らないのか、キプロスの子羊はとくべつうまいんだ」と、地元の人は言ったが、ほんとうだろうか。このピルゾラと羊飼いのサラダ（トマト、キュウリなどの素朴なトルコ式サラダ）があれば、もうなにも要らないと思った。

ガジマーウサの新市街には近代的なホテルもたくさんあるのだが、私は物好きにも城内の安ホテルに泊まった。百年以上はたっている木造の邸宅を改装した安ホテルは、けばけばしいピンクのペンキで塗りたくってあった。部屋の鍵は昔懐かしい大きな南京錠である。かつては資産家の屋敷だったのだろうが、いまはがたぴしで、窓も閉まらない。夜になると玄関わきのロビイに町のおじさんたちが集まり、酒を飲んで大声に騒ぐ。雑役一切をやっている、アラブ系らしい女も酒盛りに加わって、夜中まで騒々しい。

レースを買ったお土産屋の老主人も「あんた、あんなとこに泊まってるのか。大事なもの置いて外出しちゃだめだよ」と言った。なんともデカダンな雰囲気のホテルだったが、昔日の栄光を失った町ガジマーウサにはふさわしい宿のようにも思えた。

Ⅷ　ラルナカ
ストア哲学のゼノンが生まれ、〝復活の聖者〟ラザロが没した町

南北分断で発展したラルナカ

キプロス共和国（南）の空の玄関はラルナカ（Larnaka）である。南北分断以来、ニコシア空港は閉鎖されているから、南キプロスへ行くには、アテネから南海岸の都市ラルナカに飛ぶか、島の西端の町パフォスに飛ぶしかない。ラルナカへはオリンピック航空とキプロス航空が就航している。イスタンブールから北キプロスへはひとっ飛びだが、南キプロスへ飛ぶことはできない。

一九七四年のトルコ軍の侵攻は、皮肉なことにラルナカの都市を大きく発展させた。〝北キプロス・トルコ共和国の領土〟に入ってしまったファマグスタからギリシア系住民が流入してきて、ラルナカの人口は飛躍的に増大した。一九七三年には二万人に満たなかったラルナカの人口が、九二年には六万を超えたと記録されている。

ファマグスタ港を「トルコ人に奪われてしまったため」、さびれていた自然の良港ラルナカ港はふたたび活気をとりもどした。ニコシア空港が閉鎖されたため、ラルナカはキプロス共和国の空の玄関にもなった。ひと昔前、この辺りの産業といえば、周囲の農村のジャガイモの生産と漁

業くらいだったが、いま、この町は工業団地を持ち、石油精製所もある。また、手頃な海浜リゾートとして、南国の太陽を求めてくるヨーロッパからの客も増え、観光業も大きく成長している。

紀元前からこの都市はキティウム（キティオン）と呼ばれていたが、ビザンティン末期かオスマン統治時代の初期からラルナカと呼ばれるようになった。これはおそらく、この周辺で多くの古代の石棺が発見されたためだろうといわれている。ギリシア語で石棺を〝ラルナカ〟という。

「古代キティウム（ラルナカ）には歴史的に重要な人物が三人いた」

と、ラルナカのクリソストモス主教は書いている。

「一人はこの地で生まれたストア哲学の祖ゼノン。一人は、キプロスの解放のためにペルシアと戦って、この地で死んだアテネの将軍キモン。そして、もう一人はキリストの友人であった聖ラザロである。彼は迫害されてユダヤを逃れ、キプロスに来てキティウムの主教となり、この地で生涯を終えた」

私が興味があるのは聖ラザロだ。「復活のラザロ」と呼ばれる彼は、死後四日めにイエスによって復活した。聖ラザロ教会を訪ねるためにも、ラルナカに行ってみたいと思っていた。

キプロス政府観光局発行のホテルガイドで見つけた安ホテルへ、空港からタクシイで行ってみると、聖ラザロのお導きか、ホテルは聖ラザロ教会のすぐそば、道ひとつ隔てた隣りであった。十室しかない安ホテルだが、二階のロビイから、つい目の前に教会の鐘楼が見える。朝夕にディンドンディンドンと鐘の音も聞こえてくる。私はラルナカ空港の税関の女係官に、生まれて初めてと言っていい無礼な応対をされたことも忘れて満足した。

アテネからラルナカへのキプロス航空機内で印象的だったのは隣席のギリシア人男性である。五十代の恰幅のいい紳士だが、飛行機が離陸する瞬間、胸の前で小さく十字を切った。ラルナカに着陸するときも、紳士はしっかり十字を切って、口の中でなにかぶつぶつ呟いていた。「神さま、無事に着いたことを感謝いたします」と言っていたのだろう。敬虔なギリシア正教徒にとって、神さまはいつもつい隣りにいる身近な存在なのだ。

聖ラザロ教会隣りのPホテルの管理人ミハイルさんは、三十年前、住民交換でファマグスタを追われた人であった。

「一九三〇年にファマグスタで生まれたんだが、七四年にトルコ軍が侵攻してきたとき、家族といっしょにロンドンに移ったんだよ。ファマグスタのギリシア人はほとんどラルナカに移住したけどね。私はロンドンでずっと紳士服の仕立てをやっていたんだ」

九年前、老後はやはり生まれ育ったキプロスで暮らしたいと、娘さんといっしょにラルナカに帰ってきたが、他の子供たちはロンドンに残ったそうだ。それはそうだろう。子供たちにとっては、故郷はすでにロンドンなのだから。奥さんも亡くなって、一人暮らしというミハイルさんに、ファマグスタに帰りたくないかきいてみた。

「そりゃあ帰りたいが、いまさらむりだろ。ラルナカでいいよ。住めば都さ」ということであった。

ホテルのそばに「ファマグスタ」という名の土産物屋があった。この店の主人もおそらくファマグスタから移住してきた人だろう。

かつてのトルコ人街も残る町

ラルナカの前身である古代都市キティウムの歴史は、紀元前九世紀、フェニキア人の植民で始まったとされてきたが、近年の発掘調査で紀元前十三世紀の遺物が出土し、定説はくつがえされた。紀元前十二世紀にはすでにアカイア人が植民していたらしい。キティウムがフェニキア人の都だったのは紀元前九世紀から、プトレマイオスに征服される紀元前三一二年までである。

ビザンティン時代のラルナカは四世紀のキプロス大地震で壊滅的な被害を受け、また海辺の町のため、十世紀頃までアラブの襲撃を受けつづけていた。

一五七〇年、オスマン軍のララ・ムスタファ将軍は、トルコから近いキレニアやファマグスタから侵攻せず、防備の手薄な、南海岸のラルナカから上陸した。この作戦は成功し、オスマン軍はたちまちキプロス全土を征服した。

イギリスの植民地時代、商港としてのラルナカはファマグスタやリマソルほどの活気はなかった。イギリスが領事館をラルナカからニコシアに移したことも大きかった。ラルナカがふたたび活気を取りもどしたのは南北分断後のことだ。いまラルナカは、ニコシア、リマソルに次ぐキプロス第三の都市である。

ナツメヤシの並木が南国的な海岸通りには、レストランやカフェやホテルが軒を連ねている。ちなみに、ナツメヤシの実は、中東人が好んで食べるデーツである。十月だというのに真夏のように暑い。すぐ南はエジプトというラルナカの位置を考えれば不思議はない。

ショートパンツ姿の西洋人観光客が散歩している。この町にはエーゲ海のミコノス島やサントリーニ島のようなおしゃれな雰囲気はないが、田舎くさいぶん、のんびりくつろげる。ヨーロッパの主要都市から三、四時間かそこらで飛んでこられるキプロスは、ヨーロッパ人にとって庶民的なリゾートなのだ。日本人にとってのハワイやグアムといったところだろうか。

街にはオスマン時代のものと思われる建物が、いまもあちこちに残っている。石と土くれで造ったような建物は軽く百年はたっているだろう。

トルコ語でビュユック・ジャミイ（大モスク）と呼ばれるイスラム寺院があった。風情に欠ける木造の建物だが、内部はひっそりとして、モスク特有の聖なる空気が漂っている。ハジ（メッカ巡礼をすませた人）の白い帽子をかぶった男が一人、一隅にすわってコーランを読んでいた。出稼ぎに来ているアラブ人のようだ。

海岸通りで、レバノン料理の看板を見かけた。レバノンはラルナカのつい東に位置している。日本に中国人や韓国人が入ってくるように、アラビア半島や北アフリカから人間が流入してくるのは自然な流れで、だれもそれを妨げることはできないだろう。

モスクのそばに、イスラム教徒の共同墓地があった。トルコでは見慣れた、ターバンをのせた石塔がいくつも立っている。

すぐそばの大衆食堂の看板には、スブラーキ（焼肉）というギリシア語と並んで「ドネル・ケバブ」というトルコ語も見られる。ギリシア文字で「メフメットの店」と書いてあった。名前から推して主人はトルコ系の人だろう。ホテルのミハイルさんの話では、

「あの地域には、昔はトルコ人が大勢住んでいたらしいよ。でも、いまラルナカにトルコ人はほとんどいないね」

ということであった。ドネル屋のメフメットさんは、なんらかの事情で南に残ったトルコ系の人で、いまは南の市民としてキプロス共和国の国籍も得ているのかもしれない。

巡礼者たちの聖地「聖ラザロ教会」

ラルナカ市民の信仰の中心、聖ラザロ教会へ、まず行かねばならない。この教会が立っているところが、聖ラザロが埋葬された場所だといわれている。この教会には島の内外からも巡礼者がやってくるのだと、ラルナカの人々は得意げに言う。

「キリストの友人」と言われる聖ラザロはエルサレムの東三キロの小さな町ベタニヤに生まれたユダヤ人であった。ラザロはマリアとマルタ姉妹の弟であり、イエスに深く愛されていた。

新約聖書によると、キリストはガリラヤからエルサレムへ最後の旅をしたとき、彼らの家で何度かもてなしを受けた。ラザロは三十歳で病を得て死に、埋葬されたが、四日後キリストが彼を復活させたという。四日間、墓にあったラザロはすでに死臭を発していたが、キリストが「出て来なさい」と言うと、布をからだに巻いたまま、立ち現れたというから奇跡というほかない。

復活したラザロは、彼を謀殺しようとするパリサイ人から逃れ、キプロス島のキティウム、すなわちラルナカへ渡った。パリサイ人は多くのユダヤ人がラザロに導かれてキリスト教に帰依するのを恐れたのである。ラザロがキプロスに逃れた三三年、多くのユダヤ人キリスト教徒がフェニキア、アンティオキア、キプロスへ逃れた。ラザロはキティウムでさらに三十年生き、六十歳で二度めの死を迎えたのである。

使徒パウロとバルナバは伝道の旅の途中、キティウムで羊飼いをしていたラザロに出会い、彼を聖者としてキティウムの初代主教にした。復活の奇跡を信じてか、この教会には病気の治癒を願う巡礼者が多いそうだ。

石造りの聖ラザロ教会は八九〇年頃、ラザロの墓があった場所に、ビザンティン皇帝レオ六世（八八六〜九一二在位）によって建てられた。そのとき、墓の中から聖ラザロの遺骨が発見されたそうだ。遺骨は当時の慣習通り、コンスタンティノープルのレオ六世のもとに送られ、皇帝は教会の建設資金と技術者をキプロスに遣した。

ところが、二十世紀も後半、一九七二年になって、教会の祭壇の下の大理石の棺の中から、少量の遺骨が発見されたのである。棺にはギリシア文字で〝友人〟と記されていた。「イエスの友人ラザロ」の棺という意味であろう。おそらく、八九〇年当時、キティウムの人々は、墓から発見された聖者の遺骨をそっくり全部コンスタンティノープルに送らず、一部を教会内に保管しておいたのだろうと想像されている。

教会に向かって左側のアーケイドは、リュージニャン時代（一一九二〜一四八九）の末期に付設されたといわれるが、一七五〇年頃とする説もある。

いま、町のランドマークになっている聖ラザロ教会の鐘楼は一八五七年に建てられた。それまで教会には石造りの鐘楼はなく、木の柱のてっぺんに鐘が結びつけられていたという。

一五七一年のオスマンの征服から十九世紀中頃まで、キプロスのキリスト教会は、オスマン政府によって鐘を鳴らすことを禁じられていた。一八五六年、ロシア正教会の要望で鐘は解禁されたが、それでも大臣の許可が必要であった。

しかし、オスマン統治時代、外国領事館のあったラルナカは特別で、鐘を鳴らすのも黙認されていたらしい。聖ラザロ教会でも、解禁のかなり以前から鐘が鳴らされていたという。

教会は三つのドームを戴いていたが、いまはドームの土台から上が失われている。これはオスマン統治時代、ラルナカ港に船で入ってきたトルコのさるパシャ（高官）が、町に聳えるドームを見てモスクと勘違いし、ひざまずいて礼拝してしまったことによる。後で知ったパシャは怒り、「あのドームをただちに取り除け」と命じたという。話としては面白いが、それは事実ではない、事実は地震で壊れたに過ぎない、とする説もある。

教会は石造りの地味な外観に反して、内部はビザンティン教会の例に漏れず、多くのイコンが飾られ、シャンデリアも主教座もきらきらと眩いばかりである。百二十ものイコンで飾られたイコノスタシス（聖画壁）がすごい。イコノスタシスとはイコンと金ぴかで飾りたてた、アプス（後陣）と身廊の仕切り壁のようなものである。とくに、一七三四年の作とされる聖ラザロのイコンに注目したい。

こういうきんきらを見るのは好きだが、日本の神社仏閣の清々しさからはあまりに遠い。ギリシア人はこのきらびやかさに〝聖なるもの〟を感じるのだろうか。

他に注目すべきは祭壇と主教座のみごとな木彫である。教会付属のビザンティン博物館もあって、西洋人観光客も熱心に見ている。教会の共同墓地にはこの地で死んだ異教徒の外国商人や外交官が埋葬されているという。

日曜の朝、鐘の音につられてホテルの窓から見ると、ちょうどミサを終えた人たちが教会から出てくるところだった。それはラルナカ市民ぜんぶが集まったのではないかと思うほどの人数であった。聖ラザロ教会はいまもラルナカ市民の信仰の中心なのである。

オスマンの城砦と哲学者ゼノンの像

一六二五年にトルコ人が建てたという城塞が、海に向かって立っている。町の人はカストロ（城）と呼んでいるが、分厚い城壁に守られた、石造りの四角い建物は〝お城〟というより要塞である。

もともとはヴェネツィアが建てた城塞だというが、トルコやイギリスが改装を重ねて、当初の姿は想像すべくもない。城門の上に、スルタンのトゥアラ（花押《かおう》）とトルコ語の碑文が鮮明に見える。ちなみに、オスマン帝国のスルタンはそれぞれ独自の美しい花押を持ち、玉璽《ぎょくじ》として使っていたのである。一六二五年といえば、武人スルタン、ムラト四世の治世である。トゥアラは恐らくムラト四世のものであろう。

外階段から屋上に出ると、つい目の下に青い海がひろがっている。この港からトリポリやベイルートもそう遠くはない。海側の城壁は異様に厚い。海からの攻撃に備えてのことであろう。大砲が砲口を海に向けて据えられていた。

城内にはトルコ式のサロンが残されていた。壁に沿って長椅子を配した部屋は城主の居室だったのだろうか。

中庭に面した一階は牢獄に使われていたこともあるそうだが、いまはこの周辺の遺跡で発掘された土壺や石の錨などが展示されていた。

海岸沿いの大通りを行くと、大理石の胸像に出会った。ラルナカの誇る哲学者ゼノンである。ストア哲学の祖は紀元前三三四年、キティウム（ラルナカ）に生まれ、青年時代はこの町で貿易商をしていたという。ストア哲学はともかく、ゼノンが残した「自然はわれわれに一枚の舌と二つの耳を与えた。だから、われわれは言うことの二倍聞かなければならない」ということばは、われら凡人の耳に痛い。

ゼノンが生まれたのは〝海の民〟と呼ばれたフェニキア人がこの町を支配していた時代だが、そのはるか以前、紀元前十三世紀には、この町にはすでにギリシア本土から来たアカイア人が住んでいた。

ラルナカには整備された考古学博物館もある。堂々たるコロニアル・スタイルの建物が人目をひく考古学博物館は、「ピエリデス博物館」と呼ばれている。一九三〇年頃、スウェーデンの考古学調査隊がこの町の発掘調査を行ったとき、名門ピエリデス家が多大の協力をしたため、その名が博物館に残されたのだという。調査の結果、発掘された多くの古代遺物が、この博物館に展示されている。新石器時代から中世まで、土器、陶器、土偶等々、この博物館には紀元前二〇〇〇年程度のものはざくざくある。

天使が一晩で建てた教会とイスラムの宿坊

ラルナカの中心から九キロ西南に、現在もキティ（キティウム）と呼ばれる村がある。この集落はかなり昔から存在していたらしく、十四世紀には宮殿があったとか、十八世紀中頃には村の中央に要塞があったなどの記録がある。現在はバスの便も日に二、三本しかないが、有名な「天使の教会」があり、キティへの途中では、広大な塩湖や由緒あるイスラム僧院も見られるというのでタクシイで出かけた。

町の中心で雇ったタクシイの運転手は中年女性だったが、ラルナカの生まれかと尋ねると、彼女は言った。

「ノー。生まれたのはファマグスタよ。でも、七四年にトルコに占領されちゃったでしょ。だから、家族といっしょにここに来たの」

女性ドライバーはジョアンナと名乗ったが、ほんとうのギリシア名はイオアンナであろう。運転歴二十年、子供が大きくなったから仕事を始めたのだと言った。南キプロスには英語の達者な人が多い。これもイギリス植民地時代の名残りだろうか。

ラルナカ市街のすぐ南に、広大な塩湖がひろがっている。街を出るとすぐ、行く手に塩湖が見えてきた。陽射しの強い季節、塩湖は干上がって、白い塩の層が表面を蔽い、スケートリンクのように見える。車を降りて近寄っても、白い砂浜にしか見えない。だが、冬になると、海の水が流れ込んで湿地帯となり、カモやフラミンゴなど渡り鳥の群れが見られるそうだ。水深が二、三

“復活のラザロ”が埋葬された地に立つ聖ラザロ教会。今もラルナカ市民の信仰の中心になっている。

かつては塩の輸出で収益を上げていた広大な塩湖。

メートルと浅いため、真夏の太陽が照りつけると、たちまち干上がってしまうのだとか。リュージニャン時代とヴェネツィア時代はこの塩が輸出され、大きな収益をもたらしていたという。

キプロス人は外国人にもわかりやすいように「エンジェル・チャーチ」と言ってくれるが、正しくは「パナディア・アンジェロクティスティ教会」である。「天使が建てた聖母教会」という意味だ。伝説によると、天使たちが真夜中に天から降りてきて、一晩でこの教会をつくってしまったのだという。キプロスの天使は小人の靴屋のようなことをするらしい。

教会の前に観光バスが停まり、イタリア人の団体が見学に来ていた。団体旅行のラルナカ観光コースに入っているのだろう。石積みの教会のたたずまいは驚くほど簡素だ。地下牢の入口のようなファサード。天使たちも一晩では装飾をほどこす暇がなかったのだろう。天使はともかく、このビザンティン教会は十一世紀頃、古いバシリカ（初期キリスト教聖堂）の上に建てられたもののらしい。

外観はシンプルだが、内部はギリシア正教会の例に漏れず、多くのイコンが飾られ、きんきらとゴージャスである。運転手のイオアンナが聖画壁に近づき、イコンに顔を寄せて接吻した。四枚くらいのイコンにキスしたようだ。彼女も神さまとぴったり寄り添って生きるギリシア正教徒なのだろう。

「見てください。この教会でいちばんすばらしいのはアプス（後陣）のモザイクです。五世紀のものですよ」

教会の係員が得意げに言った。モザイクは聖母像で、聖母の左右に大天使ミカエルとガブリエルがいる。

教会のそばに立つ老木は、テレビン油が採れるテレビンノキで、樹齢百年、キプロス最古のテレビンノキだとか。

次は「ハラ・スルタン・テッケ」へ。テッケとはモスクと宿坊を兼ねるイスラムの僧院である。イオアンナが「あれよ」と指差す先に、一幅の絵のような風景があった。塩湖のほとり、背の高いナツメヤシと灌木の緑の間、青空をバックに、モスクの大小のドームと一本の尖塔が見える。

このイスラム僧院はそのたたずまいがなんとも魅力的だ。入口には繊細な彫刻とアラブ文字の碑文が見られる。庭には八角形の美しいシャトゥルヴァン（水場）がある。巡礼者が礼拝前に手足を清める設備である。

しかし、なぜこんなところに、イスラムの僧院が建てられたのか。その縁起は古く、預言者ムハンマド（マホメット）の時代にさかのぼる。

六四九年、アラブ軍がキプロスを襲撃したとき、この遠征に同行していたウムハラムという女性が、この地で騾馬《らば》から落ちて死に、ここに埋葬されたのだという。六四九年といえば、ムハンマドの没後、十数年のことだ。ウムハラムという女性は、ムハンマドの忠実な秘書官だったアナス・イブン・マリクという人物の叔母だったというが、女の身でなぜこの遠征に同行していたのか。モスクの一隅に、イスラムの聖なる緑の布で蔽われた彼女の墓があった。

ここにもモスクの説明と献金箱の管理をする係員がいて、「あれはミフラブといってメッカの方向を示しています。女性は二階の席で礼拝します」などと、通りいっぺんの説明をしていた。

「あなたはムスリム（イスラム教徒）ですか」と尋ねたら、予想どおり「ノー」という返事だった。

「イマーム（イスラムの聖職者）はラルナカにいて、金曜日だけ来るんです。金曜にはラルナカから礼拝に来る人もいますからね」

ラルナカには出稼ぎ労働者を含めて、わずかながらムスリムがいるのだろう。このテッケはイスラム教徒にとって、メッカとメジナに次ぐほどの重要な聖地なのだという。

ラルナカへの帰途、野っ原に半ば崩壊した水道橋が見えた。オスマン統治時代の十八世紀、ラルナカが水不足で苦しんでいるとき、時のオスマンの総督ベクル・パシャが私財を投じて造らせたものだという。完成したのは一七五〇年。オスマン時代のキプロスは、税金だけ取りたてられ放り出されていたというのが定説になっているが、住民のために善政を行った総督もいたことが知れる。

南キプロスはヨーロッパ人の休暇村

ホテルのミハイルさんに教えられて、土曜市を見物に行った。近在の人が野菜やフルーツを売りに来る青空市である。ジャガイモ、トマト、キュウリ、トウモロコシなど新鮮な青物を商う屋台の間に、手作りの田舎風パンを売る人もいる。週に一度の買出しに、大勢の市民が繰り出して、なかなかの盛況だ。その中でひとり、バイオリンを弾いて小銭を稼いでいる盲目の老人がいた。

ラルナカにはまだ田舎町の魅力がじゅうぶんに残っている。

市営の常設青物市場もあった。体育館のように巨大な建物である。ブドウを買おうとしたら、「それはワインをつくるブドウ。食べるのはこっち」と言われた。キプロスではまだ、家庭でワインをつくる人がいるのだろう。クレタ島やサモス島と並んで、キプロス島のワインも昔から知られている。

ラルナカを去る朝、ホテルの朝食の席で、オーストラリアから一人で来たという中年女性に出会った。彼女はラルナカに来た理由を、私が尋ねるまえに話し出した。

「ラルナカにはリタイア・ヴィレッジがあるのよ。退職したお年寄りが住んでるところ。私の継母が住んでるの。父が再婚した女性よ。九十四歳になるんだけど、父は五年前に亡くなって、私しか身寄りがいないから面倒みてるの。まあ、しかたがないのよ」

私はギルネのカラマン村を思い出した。一年中暖かく、欧米より物価も安いキプロスは、西洋人にとって終《つい》の棲家《すみか》にしやすいのかもしれない。

夏場、二週間から一か月の休暇を南キプロスで過ごす西洋人も少なくないようだ。家族でヴァケーションを過ごす人のために、南キプロスにはホテル・アパートメントというものがある。長期滞在用のキッチンつきホテルだが、ふつうのホテルより割安で、食器や厨房器具も揃い、ペンションよりプライヴァシイが保たれる。

南キプロス最後の日に、試しに一泊してみた。町の中心部で、一泊十八ポンド（三千六百円）。一人では割高だが、家族で泊まるのにはいいだろう。

キプロスは古代から大地震が多いことは知っていたが、この宿に泊まって、いまでも地震が多いことを知った。「お客様各位へ。地震の際の心得」という紙が部屋に置いてあった。「南地中海は地震多発地帯です。グラッと来ても、パニックしないこと。すばやくテーブルの下にもぐって……」

地震に慣れていない西洋人客への配慮だろう。

南キプロスの料理は当然のことながら、ギリシア料理とまったく同じと考えてよい。ということは、基本的にはトルコ料理と同じようなものである。トマトやキュウリの上に、白いフェタ・チーズをたっぷりのせたのがギリシア・サラダだ。ラルナカは海辺の町だから、魚料理を看板にした店も多い。

ギリシア・コーヒーといえば、小さなカップで供されるトルコ・コーヒーと同じ、あのどろりとしたやつだが、近頃はキプロスでもギリシア本土同様、フラッペと呼ばれるアイス・コーヒーに人気があるようだ。地元の人がカフェテリアで飲んでいるのは、たいてい細かく砕いた氷入りのアイス・コーヒーだった。

道端に置いた椅子にすわって、のんびりとタバコを吹かし、コーヒーを飲みながら雑談している男たちの姿も、ギリシアの田舎町と変わらない。

「どこから来たんだね。まあ、おすわり。コーヒー飲むかい」

おじさんたちに優しいことばをかけられて、私はギリシアの田舎町を旅行しているような錯覚を覚えていた。

天使が一夜で建てたという
パナディア・アンジェロク
ティスティ教会。

ナツメヤシの木陰に立つイスラムの僧院
「ハラ・スルタン・テッケ」。

近在の農家の人々が新鮮な野菜や
フルーツを売りに来る青空市場。

Ⅸ　南ニコシア（南レフコシャ）

近代的な新市街と中世が息づく旧市街の小路

南キプロスの都市間移動は乗合いタクシイ

キプロス共和国の首都ニコシア（南）を訪れるなら、アテネから空路ラルナカへ飛び、ラルナカからニコシアへタクシイかバスで行くのがふつうだろう。ニコシア空港は一九七四年のトルコ軍の空爆で破壊され、いまは封鎖されている。南海岸の町ラルナカから内陸のニコシアまで四十数キロ。キプロスは東西に長くのびた横長の島である。

南キプロスで都市から都市へ移動するのに最も便利な交通機関は乗合いタクシイだ。ホテルでも個人の家でも、「明日の何時にお願いします」と電話を一本入れるだけで、南キプロス全土、どこにでも迎えに来てくれる。ただし、たのんだ時間に外へ出て待っているのが原則である。外に出ていなかったら、拾ってもらえなくても文句は言えない。料金はバスより高いが、タクシイより安い。つまり、タクシイ料金を数人の相客でシェアするわけだ。

車はふつうの乗用車の場合も、ワゴン車もある。私は南キプロス滞在中の都市間移動には、この乗合いタクシイをフルに利用した。

ラルナカの観光案内所は「ニコシアへ行くのなら乗合いタクシイがあります。バスはありません」と、きっぱり言った。都市間の交通手段に鉄道もバスもないなど信じられなかったが、南キプロスでは乗合いタクシイこそ最良の交通手段なのであった。ほんとにちゃんと来てくれるのかなあと、ラルナカの安ホテルの前で待っていた私の前に、時間通りに現れたおんぼろワゴンがぴたっと停まったときには、すばらしい！　と感動した。

車内には地元の中年夫婦が乗っていた。ワゴン車は私を乗せた後、市内をまわり、さらに二人の客を拾った。

「ふだんはニコシアまで一人二・五ポンド（四百七十五円）なんですが、今日は日曜で客が五人だけだから、三ポンド（五百七十円）です」

と運転手が言った。客が少なかったら、一人分の運賃を高くするシステムらしい。なかなか合理的ではないか。

ニコシア（南）は人口十八万余、島都であり、キプロス共和国最大の都会である。ニコシアの歴史と魅力は言うまでもなくヴェネツィアの城壁にかこまれた旧市街にあるが、英国統治時代から現在まで、この町は城外に大きく拡大し発展している。

ニコシアの前身はレドラと呼ばれた、ペディィオス河畔の集落だった。現在のニコシアは周辺に大規模な工業団地を抱えた近代都市であり、キプロス第一の商業センターでもある。タクシイがニコシアに近づくと、ビルが林立する市街に入る。

旧市街（城内）にも大小のホテルがあるが、私は城外の住宅街の中のこぢんまりしたホテルを選んだ。ホテルから旧市街に歩く途中、ペディオス川にかかる橋を渡る。この川はリュージニャン時代までは、ニコシアの町の中を流れていたという。かつては集落の人々の農耕や牧畜に恵みをもたらした川であったが、しばしば氾濫し、多くの市民の命を奪ってきたともいう。古地図を見ると、町の真ん中を東西に流れる川が描かれているが、ヴェネツィアが旧市街を堅固な城壁でかこむとき、川の流れを城壁の外へ移動させたのである。

旧市街をとりかこむ城壁は三つの主要な門を持っている。西に向いた門がパフォス門、北に向いた門がキレニア門（ギルネ門）、東に向いた門がファマグスタ門だが、いま、キレニア門は北のトルコ側に入っている。

ペディオス川を越え、町の中心に向かって歩いていくと、聳え立つ中世の城壁が見えてくる。円形の城壁の北側半分を〝北キプロス・トルコ共和国〟（北）で眺め、南側半分をキプロス共和国（南）で眺めるのも不思議な気分だが、どちらから眺めても、聳え立つ城壁の威容には圧倒される。

西に向いたパフォス門の近くに、「これより先、カメラとビデオは禁止」という英語の掲示が出ていた。旧市街の真ん中をグリーンラインと呼ばれる〝国境〟が通っているからだろう。北は城内でもいくらでも写真が撮れたのに。

プロパガンダ小屋の立つ〝国境〟

パフォス門から城内に入る。旧市街の西部になるこの辺りがリュージニャン時代の行政の中心であり、王宮もパフォス門の近くにあったという。

すぐ左手に、聖十字教会が見える。この城内にはいまも夥しい数の教会があるが、これが城内唯一のローマン・カトリック教会である。城壁に沿って東へ歩く。城壁から突き出た巨大なバスティオン（堡塁《ほうるい》）上は、いまは建物が建ったり、バス駅や広場になり、市街の一部として機能している。

城内のメインストリート、リドラス通りは、ファストフード店や洋品店などが並ぶ商店街になっていた。ビザンティン時代から人々が賑やかに往来していただろう都大路をぶらぶら行くと、突然、道が行き止まりになる。そこがグリーンライン、すなわち〝国境〟であった。

〝壁〟のすぐそばに木造の小屋があって、観光客たちが出入りしていた。入ってみると、それは〝プロパガンダ小屋〟だった。壁いっぱいにキプロス紛争当時の写真やポスターが貼ってある。タイトルは「トルコ人の残虐と暴力」。トルコ兵に銃を突きつけられ、両手を後頭部で組んで並んでいる数人のギリシア人男性たちの写真がある。「一九七四年、トルコ軍に逮捕された人々」という説明がついていた。トルコ軍に破壊された教会の写真。家の窓から身を乗り出した男の死体。「行方不明の人たち」という写真も並んでいる。トルコ軍に連行され、帰ってこなかった人たちだそうだ。幼女の泣き顔の写真につけられたキャプションは「パパとママはどこに行ったの？」。ここまでやられると、感情的に過ぎて説得力に欠ける。

ニコシアのボーダーにおける南北プロパガンダ合戦。しかし、明らかにギリシア側のほうが過激かつ感情的である。

「ご感想を書いてください」というノートが置いてあった。パラパラ見ると、世界中から来た観光客たちのコメントがある。

「なんと残酷な！　ひど過ぎる！」

「トルコ人を許すな」

「世界に平和を！」

等々、無邪気な観光客のことばが並んでいた。しかし、こういうプロパガンダがキプロス問題の平和的解決を促進するとはとても思えない。二〇〇四年七月以後、外国人に対して国境の通行が自由化されたが、あの小屋がすでに撤去されていることを願わずにはいられない。

〝国境〟の壁には高い足場が組まれ、その上に歩哨小屋があって、銃を持った兵隊が二人立っていた。西洋人観光客が三、四人、足場の上で塀の向こう側をのぞいていた。観光客に向こう側を見せるスポットになっているようだ。私も階段を昇ってのぞいてみたが、木々や雑草が生い茂った緩衝地帯が見えるだけだ。いまは住む人もなくなった木造家屋も見えた。あの家に住んでいた人たちはどうしたのだろうかと、ちょっと気になる。

〝国境〟を見ると、だれでも記念写真を撮りたくなるものらしい。城内は撮影禁止のはずなのに、足場の上の兵隊に見つからないように写真を撮っている外国人観光客が何人もいる。注意されたら「撮影禁止なんですか。知りませんでした。ごめんなさい」と言うつもりなのだろう。

〝国境〟の壁沿いに歩いていくと、石壁の隙間を土嚢でふさいであるところがあった。迷彩服の若い歩哨が二人、退屈そうに立っている。兵隊が後ろを向いた隙に、遠くからさりげなくカメラを向けたら、民家の門口にすわってザルの中の豆を選り分けていたおばさんが、甲高い声でなにか叫んだ。
「兵隊さーん、怪しい外人女が写真撮ってるよお！」と叫んだのかもしれない。兵隊が振り向くより早く、私はカメラを抱えて小路に飛び込み、走った。三回くらい角を曲がって、やっとひと息ついた。

古き佳きニコシアが残る〝歩行者地区〟

ニコシアの旧市街に足を踏み入れて、まず驚かされたのは、実を言うと、みごとな教会でも国境でもなく、街中に溢れた若いアジア系の男女であった。男性は肌色が浅黒く痩せ型で、最初はパキスタン人かなと思った。若い女たちは顔立ちと話すことばからフィリピン人だとわかった。ちょうど日曜だったから、出稼ぎの外国人たちが街に遊びに来ているのだということも容易に想像がついた。彼らは三々五々、街をぶらつき、ウインドウをのぞき、アイスクリームやハンバーガーを立ち食いし、休日を楽しんでいるように見えた。

あとでホテルの女主人に聞いたところでは、男性はパキスタン人もいるが、ほとんどはスリランカ人で、新市街の工場で働き、女性はフィリピン人で、家庭やレストランなどでメードや雑役婦をしているのだという。私の泊まったホテルでも、スリランカの女の子が皿洗いや掃除をしていた。
「安い給料で働いてくれるから悪くないのよ」と女主人は言った。

かつて東京にイランの男性が仕事を求めて押し寄せたことがあったし、香港にフィリピン女性のメードが溢れたこともあった。「あの国に行ったら仕事があるぞ。労働ビザもうるさくないそうだ」といった情報は、失業者が多く賃金が安い国の人々の間では、あっというまに口コミで伝播していくようである。

私はラルナカ空港から入国するとき、女係官に「なにしにキプロスに来たか」「所持金はいくらある」など、呆れるほど横柄な態度で尋ねられたことを思い出した。あの女係官は日本という国をほとんど知らず、一人でぶらりと来た東アジア女を見て「またメード志願が来たか」と思ったのだろう。キプロスに住む日本人は全島でも十二人ほどで、観光客もゼロに近いから、日本についてなにも知らないのは当然かもしれない。

それにしても、これだけ出稼ぎ人が押しかけるのは、キプロス共和国がそれだけ豊かになったということだろうか。

メインストリートのすぐそばに、城内で最も大きいファネロメニ教会が聳え立っている。一八七二年建立の建物だが、フランコ・ビザンツ様式のドームと鐘楼が美しい。

この教会の後ろに、古びたモスクが打ち捨てられたように、ひっそりとあった。低い尖塔一本の、見栄えのしない小さなモスクだが、これも中世のギリシア正教会を改造したものだという。扉は閉ざされ、いまは使われていない。アラブラル・ジャミイ（アラブ人たちのモスク）と呼ばれているから、オスマン統治時代のアラブ人のためのモスクだったのだろう。

旧市街の中心近くにあるトリピオティス教会も見逃せない。建立は一六九五年、大天使ミカエルに捧げられたこの教会は、金銀に輝くイコンと説教壇が見ものである。

そのすぐそばに、観光客に人気の「ライキ・ギトニア」(歩行者地区)と呼ばれる一画がある。小石を敷いた細い小路がくねくねとつづき、十九世紀を想わせる古めかしい家々が軒を連ねている。このエリア、実は一九八三年、ニコシア市が古い家を修復あるいは改築して、古き佳きニコシアを再現したのだという。往時を偲ばせる石積みの家々も風情があり、夜更けまで散歩を楽しむ観光客でにぎわっている。昔風の木製のバルコニイ、ランタンのような門灯、天井の梁をむき出しにしたカフェ、小路にテーブルを並べたレストラン、居酒屋……その間に、お土産物屋や民芸店、ブティック、画廊などが並ぶ。

レフカラ・レースの専門店もあった。西洋人たちが熱心に選んでいる。手にとってよく見たが、北キプロスのガジマーウサで買ったレースとまったく同じ技法のものだった。ダ・ヴィンチを魅了したというレフカラ・レースは南北キプロスを代表する手工芸品になっているようだ。

細い小路に並ぶショップや画廊を見て歩き、絵葉書やアクセサリイを買い、レストランの屋外テーブルでラム・チョップとキノコのスープの夜食をとり、夜更け、タクシイでホテルに帰った。

この一画に小さな観光案内所もあって、女性係員がてきぱきと来訪者をさばいていた。てきぱきとしたギリシア人は珍しい。銀行員や商店員ののんびりゆったりした仕事振りはギリシア本土と変わらない。

午後の三時過ぎ、郵便局に行くと、「午後の営業時間は三時から六時」と書いてあるのに、扉に大きな南京錠がぶら下がっている。「いま三時半なのに。おかしいじゃないの！」と観光客らしい西洋人夫婦が怒っていたが、これがギリシア時間というものなのだろう。

城外の新市街は近代化が進み、拡大してゆくが、城内の時間は止まっているようだ。中心部を少しはずれると、廃屋のような古い家が目につく。出窓のある木造の二階家。装飾的な窓枠にレースのカーテンが揺れて、まだ人が住んでいると知れる。広場の木陰で悠然とバックギャモンに興じるおじさんたち。人けのない古い小路をぶらついていると、時空を超えて、夢と現《うつつ》の間を漂っているような気分になってくる。

モスクに集うイスラム教徒たち

「ハジゲオルガキス・コルネシオスの邸」と呼ばれる豪邸がある。この舌をかみそうな名前の人物はオスマン統治時代の有力な〝ドラゴマン〟であった。ドラゴマンとはオスマン政府とギリシア人社会の間に立つ通訳兼連絡係といったらいいだろうか。有能なドラゴマンはギリシア人でありながら、オスマン社会で権力を持ち、ギリシア人社会からは頼りにされると同時に、恐れられていた。ドラゴマンに睨まれて、オスマン政府に讒訴《ざんそ》されたら、どんな不幸が起こるかも知れなかった。

十八世紀末のドラゴマンだったコルネシオスという人物は、スルタンと面談できるほどの地位にあったという。広壮な邸からも、その権勢のほどがうかがえる。邸内の接見室は、絨毯を敷きつめた床に低いシートを配した、完全なトルコ・スタイルである。名前の頭にハジとついているところから察して、このギリシア人はメッカ巡礼まですませていたらしい。

この邸から大主教館やファマグスタ門へ抜けられる秘密の地下道があったという。オスマン政府とギリシア人社会の間のコウモリ的存在だったドラゴマンは、いつ刺客に襲われるかもしれない危険な立場でもあったのだろう。


オメリエ・モスクは南ニコシアの現役イスラム寺院である。大きな四角い建物の前に、取ってつけたように立つ尖塔で、モスクであることが知れる。大きいだけで情趣に欠ける建物は、もとは十四世紀に聖アウグスティヌス修道会が建てた聖マリーナ教会だったという。かつてはアヤ・ソフィア教会と壮麗さを競っていたとは、とても信じられない。オスマン軍がキプロスを征服した一五七一年、モスクに改装され、いまはニコシアに住むイスラム教徒の数少ない祈りの場になっている。

前庭の水場で、礼拝前に手足を清めている三人の若者がいた。彼らはパキスタン人だと言った。「この町にパキスタンの人、多いの?」と尋ねてみると、大勢いると言うが、彼らも出稼ぎ労働者であることはまちがいなかった。このモスクは故郷を遠く離れて働くムスリムたちの心のよりどころになっているのだろう。

イスラムの聖なる色、緑の絨毯が敷きつめられた堂内の一隅でコーランを読んでいた老人は、話しかけると、「わしはムスル(エジプト人)じゃ」と言った。南キプロスからエジプトは目と鼻の先である。昔もいまもさまざまな人々が流入してくるキプロスには、エジプト人も海峡を越えてやって来るのだろう。

ミフラブの前でマイクの操作をしていたイマーム、ハッサン師はシリア人だと言い、快く雑談に応じてくれた。祈りの時間になると、ハッサン師はマイクを握り、礼拝の時を告げるアザーン（トルコ語はエザーン）を朗唱しはじめた。

ひと昔前まではどこのモスクでも、一日五回の礼拝の時間には坊さんが尖塔に登り、バルコニイから肉声でアザーンを朗唱していたのだが、いまは尖塔にカセットを設置し、テープの声を流すのがふつうになっている。彼はマイクを使ってはいたが、一日五回、自らアザーンを唱えていると言った。ハッサン師はキプロスに暮らすムスリムを導く使命感に燃えているように見えた。思えば、十九世紀末までの三百年間、キプロスはイスラム教徒の支配する島であったのだ。

オメリエ・モスクのそばにオメリエ・ハマムと呼ばれる浴場がある。最近まで営業していたというが、いまは休業中らしい。この浴場の由来にも諸説ある。信者が礼拝前に身を清めるためにモスクのそばに建てられたという説、トルコの高官の邸の浴室だったという説、トルコ人がここに立っていた教会を壊して浴場を建てたのだという説など。重層的な歴史を持つこの町では、建物ひとつにも歴史が錯綜している。

大主教座の前に立つ巨大なマカリオス三世像

モスクから城壁に向かって行くと、小路の奥に聖アントニウス教会の鐘楼が見えてくる。

十七世紀に建てられた優雅なたたずまいの教会だが、入ろうとすると、入口の椅子にすわっていた男が言った。

「その服装ではだめです。明日、着替えて来なさい」

私はジーンズ、Tシャツ、スニーカーというごくふつうの服装で、ショートパンツやタンクトップだったわけではない。「異教徒のフィリピンのメードなど、わが聖なる教会に入って欲しくない」ということかもしれない。フィリピン人はカトリック教徒が多いが、ギリシア正教徒にとっては正教徒以外は異教徒である。同じキリスト教徒などとは決して思わない。その男の服装はといえば、しわくしゃのワイシャツに、よれよれのネクタイであった。

ギリシア正教は形式や服装にこだわる傾向があるようだ。昔、ギリシア北部のメテオラの男子修道院を訪ねたことがあるが、ここの服装規制は厳しく、ズボンの女性は入場禁止というものであった。スカートならよろしいというので、超ミニのスカートでトライしてみたら、難なく入れた。ギリシア正教の形式主義はどうもよくわからない。


城壁から突出した堡塁にはそれぞれ名前がついている。町の中心に近いコンスタンツァ堡塁は長距離バスの発着所になって、バスが出たり入ったりしていた。そのわきにモスクの尖塔がすっくと一本、屹立している。バイラクタル・モスクである。

バイラクタルとはトルコ語で〝旗手〟を意味する。一五七〇年のニコシア攻略に際し、オスマン軍の勇敢な旗手が一人、先陣を切って外濠を渡り、城壁を乗り越えて堡塁上へ一番乗りを果たし、このコンスタンツァ砦に真紅のトルコ国旗を高々と掲げたのだという。その勇士を記念して建てられたのがこのモスクだが、いまは閉鎖されている。

眺めのよい場所に、尖塔もそのままに残されているところを見ると、いずれなにかの建物として利用するのかもしれない。エーゲ海の島では、お土産物屋や喫茶店になっているモスクを見た。それでも、歴史ある建物を跡形もなく壊してしまうよりはよいだろう。

コンスタンツァ砦のすぐ東のポドカターロ砦には「自由の記念碑」と呼ばれる大理石のモニュメントが立っていた。キプロス独立後十年の一九七〇年に建てられたものだから、まだ真新しいが、ギリシア系キプロス人の精神的象徴といえるだろう。碑のてっぺんには自由の女神が立ち、その左右で二人の兵士が牢獄の扉を開けている。その中から出てきた十数人の男女は、青空の下で眩しそうに太陽を見上げている。

ギリシア人が本土からキプロスに植民してきたのは紀元前だが、ビザンティン時代以後、ギリシア系の島民は被支配階級としてこの島に生きてきたのだ。ギリシア系島民にしてみれば、長い長い被征服者の歴史から脱して、まだ半世紀もたっていないのである。

ギリシア人も、ギリシア系キプロス人もほとんどがギリシア正教徒である。彼らにとって、ニコシアで最も重要な場所は大主教座であろう。大主教座とは大主教の住居であり、ギリシア正教会の本部である。現在のキプロスの大主教座は一九六〇年に完成した近代的な建物で、すぐそばにあるもとの大主教座は、いまは「民族美術博物館」と「ビザンティン美術館」になっている。

まず度肝を抜かれたのは、大主教座の前に立つ巨大なマカリオス三世のブロンズ像であった。

道路を不自然に遮断する国境の〝壁〟。
壁の向こう側は国連が管理する
グリーンライン。

大主教座の前に立つマカリオス三世の巨大なブロンズ像。

マカリオス大統領がいかに偉大な人物でも、こんなにばかでかい像を建てなくてもよいのではと、つい思ってしまう。この大主教ならゴジラと戦っても勝ちそうだ。ツアー・バスから降りてきた西洋人観光客も、あまりの大きさに唖然として眺めている。不謹慎にも笑い転げている人もいた。

エーゲ海のサモス島の考古学博物館で、紀元前六世紀の巨大なクロス（青年）像を見たときも、私は気持が悪くなった。ヘラの聖域から出土したという有名な像だが、なにしろ身の丈が四・五メートルある。紀元前の昔からギリシア人は巨大な人物像が好きだったらしい。

大主教座の隣りに、キプロスで最も有名な聖ヨハネ大聖堂がある。共和国の記念日には、ここから大統領や大主教の祝辞が放送されるという。この大聖堂は一六六二年に再建されたものだが、内部には一見に価するフレスコ画やイコノスタシス（聖画壁）がある。おもしろいのは聖バルナバに関する物語を描いた四枚のフレスコ画である。聖バルナバが大主教の前に現れて、自分が埋葬された場所を指し示し、一本の木の下の墓が発見されて、皇帝ゼノンが大主教に権威の象徴の笏《しゃく》を持つことを許した……という一連の物語が描かれている。イエスの使徒たちの伝承に関心のある向きには、キプロスは興味深い土地であろう。

「ビザンティン美術館」内はイコンの洪水であった。八世紀から十八世紀までの大小さまざまなイコン百五十点が収納されている。イコンの歴史や画法の変遷も学べる貴重な展示といえる。イコンに興味があったら、この美術館を見るためにニコシアまで足をのばす価値はある。

田舎町の雰囲気をとどめる旧市街

城内の東端には、美術史的にも重要なヴェネツィア建築といわれるファマグスタ門がある。汗を拭き拭き、てくてく歩いて見に行ったが、少々失望した。メンテナンスが悪いのか、なにか薄汚れた感じで、写真とはだいぶ印象が違う。歴史的建造物は修復しすぎて原形が失われるのも困るが、もう少し美しく保存する工夫はないものか。

それでも往時のこの門の優雅なたたずまいを想像することはできる。アーチ型の入口の左右に翼部がひろがり、明り取りの窓は楕円形である。ヴェネツィア統治時代は、設計者ジュリオ・サヴォルニャーノにちなんでポルタ・ジュリアーナ（ジュリオの門）または、低地にあるためポルタ・ディ・ソット（低い門）と呼ばれていたが、後年、ファマグスタへの道につづいているため、ファマグスタ門と呼ばれるようになったという。

一九三〇年までは通常の門として、人も車も通っていたそうだが、以後は他に通路が設けられ、門は閉鎖されている。

南ニコシアの教会や博物館は二、三日ではとてもまわりきれるものではない。パフォス門の南には充実した考古学博物館があり、そのそばに、いかにも英国的な聖パウロ英国国教会がある。この教会にも聖パウロと聖バルナバの像があった。キプロスとキリスト教はこの二人の使徒によって堅く結びつけられているのだ。

城外の東のはずれの村には、エヴァンジェリストリア教会（福音教会）がある。一九六三年に改築されたばかりだが、その歴史は古い。十六世紀、この教会ができた当時には、付属の男子修道院もあったが、十八世紀に修道院はなくなり教会だけが残った。修道士たちが雑念を払って修行に励めるよう、城壁の外の村落に建てられたのだろうか。いま、この教会はしばしば国家的催事にも使われているそうだ。

ニコシアは都会であり首都であるが、城内にはギリシアの田舎町を想わせる、のんびりした雰囲気もじゅうぶんに残っていた。長距離バスの発着所のあるコンスタンツァ砦のあたりでは、小さな商店の前で土地のおじさんたちが朝からバックギャモンに熱中していた。よくまあ、飽きないものだと感心させられる。

ギリシア人もトルコ人もそんなにバックギャモンが好きなら、私は提案したい。年に一度、〝国境〟の緩衝地帯にテーブルを並べて、国連のジャッジで「南北親善キプロス・バックギャモン大会」を開催するのはいかがだろうか。

X　トルードス山地
ビザンティン教会が点在する緑豊かな高原リゾート

山中に点在する美しい村々

キプロス島を地図で見ると、地中海を東から西へ、四肢をひろげて飛ぶムササビの姿にも見える。その東西に細長い島の西部にひろがる山岳地がトルードス山地である。このエリアの中心にトルードス（Troodos）の村があり、そのあたりの標高が全島で最も高く、最高峰オリムポス山は一九五一メートルある。

キプロスの古地図にも、碗を伏せて置いたように、このオリムポス山が描かれ、その頂には教会まで描きこまれている。初期キリスト教時代には、山頂近くに多くの教会が建っていたという。

オリムポス山といえば、だれしも、ゼウスを初めとするギリシア神話の主要な神々が住んでいたという霊峰を思い浮かべるだろう。紀元前、ギリシア本土からこの島に入植した人々は、島の最も高い山に故郷ギリシアの北部に聳える霊峰の名を与えたのだろう。

伝承によれば、古代、オリムポスの山頂にはアフロディテの神殿が建っていたというが、いまはその痕跡もない。ヴェネツィアが築いた城壁もあったが、現在は火山岩の列が残っているだけだという。冬は積雪も多い山頂から、ニコシアの町に氷を運んでいたこともあったらしく、氷室の跡もあるそうだ。

一九七四年のクーデターのとき、危うく官邸を脱出したマカリオス大統領は、支持者のトラックに拾われて、このトルードス山地を抜け、故郷のパフォスへ逃れたという。

トルードス山地は豊かな森林に蔽われているが、その山中に優雅なビザンティン教会や修道院があり、九つの教会はユネスコの世界遺産に登録されている。しかも、それらの教会には貴重なビザンティンのフレスコ画やイコンがたっぷりと残っている。

ビザンティンからヴェネツィア時代、教会や修道院は、海賊の襲撃を受けやすい海岸を避けて、山の中に造られた。その結果、この山地がビザンティン美術の宝庫になったのである。

また、山腹の台地には、絵のように美しい村々が点在している。木々の緑の中に見える教会の鐘楼やドーム、山懐に抱かれてまどろんでいるような村々、緑に映える赤茶色の瓦屋根の家々。その写真に、私はまず心を奪われた。地図を見ると、島都ニコシアからも、南海岸の町リマソルからも、山地に入ることができそうであった。

トルードス山地の魅力はそればかりではない。夏は避暑地として人気があり、山の清澄な冷気を求めてやってくる滞在客も多い。一月から三月はオリムポス山のスロープでスキーもできるし、夏には谷川では川鱒釣りも楽しめる。

山地といっても、リゾート地であるから、点在する村々には避暑客やスキー客のためのホテルも数多く、プールや乗馬、テニスなどの設備の整ったホテルもある。若い人向きにはキャンプ場やユースホステルもある。

松やヒマラヤスギの森林の中に造られた「自然の小道」を歩いて森林浴もできるし、バードウオッチングもできる。案内書によると、この山地には独特の植物が多く、ラヴェンダー、ラン、シャクヤク、ロック・ローズ、アリッサムなどの野の花が見られる。ひと昔前の森林には、鹿やムフロンという野生の羊の姿もよく見られたという。写真やスケッチを趣味とする人、自然愛好派にはとりわけ魅力であろう。

山間の村々にも、それぞれの特色がある。リンゴやサクランボの生産で知られる村、木製の椅子やチェストを手づくりしている村、新鮮な湧き水が自慢の村、レースなど手工芸品の村、手づくりのハムやソーセージを商う村等々。

しかも、トルードス山地は海から近い。オリムポス山のスロープをスキーで滑走しながら、地中海に浮かぶヨットの白い帆を望見できるという。山地のホテルに滞在しながら、日帰りで南海岸のリマソルへ出て海水浴を楽しむこともできる。

キプロス政府観光局と林野庁も、トルードスの自然保護とリゾート地としての発展に力を注いでいるようだ。

田舎のバスでカコペトリアへ

ニコシアの後、南海岸のリマソルへ出て、さらに西進してパフォスへ行く予定だった。私はニコシアからトルードス山地に入り、山で三泊ほどしながら南下し、リマソルへ出るプランを立てた。

ニコシアの観光案内所で尋ねてみたら、シーズンにはニコシアからトルードスへ日帰りツアーもあるらしい。清澄な山の冷気に触れ、山中の教会をひとつふたつ見学し、川鱒料理を賞味して帰るというスケジュールらしい。聞けば、トルードス山地の北斜面にある村カコペトリアまで定期バスもあるという。ニコシアから山地に入ってすぐの村がカコペトリアである。

タクシイでも十五ポンド（二千八百円）で行くと聞いたが、私は定期バスを選んだ。地元の人たちといっしょに田舎のバスに乗るのが好きなのである。乗車賃だけの問題ではない。バスのほうが地元の人々と触れ合い、より多くのものを見ることができる。

カコペトリア行きのバスの客は地元のおじさん、おばさんばかりだった。大きな段ボール箱がいくつも積み込まれた。路線バスは山の村々に、人間だけでなく食料や物資も運んでいるらしい。

肥満体の男女がぎっしりすわった車内は、十月だというのに、冷房をしていても暑苦しかった。運転席の窓に、雑誌から切り抜いた、人気スターらしい写真がベタベタと貼ってある。バスは民謡風の音楽をチャカポコチャカポコと流しながら、土埃を上げて田舎道を走る。糸杉、松、棕櫚《しゅろ》、オリーヴの木々。

乗車賃を集めにきた車掌にお金を払い、釣銭をもらうと、隣席のおばさんが、「ちょっと見せて。九ポンドあるわね」と、私のお釣りを確認してくれた。はるばるフィリピンから働きに来て、お釣りをごまかされたらかわいそうだと思ったのかもしれない。

途中のバス停にはたいてい茶店があり、おじさんたちがコーヒーを飲み、タバコを吹かして所在なげにすわっている。昼間からボーッと時間をつぶしているのだから、すでに現役を退いているのだろうが、日本ならまだまだ働く年齢に見える。カフェニオンと呼ばれる喫茶店におじさんたちが群れるのはギリシア本土も同じだが、おじさん同士がかくも群れたがるのはどういうわけだろう。お互いに連帯を感じているのだろうか。

バスはぐんぐん登りはじめ、山中に入って、最初に停まったのがカコペトリアだった。バスを降りると、澄んだ山の冷気がひんやりと肌に快い。カコペトリアは標高六九〇メートルというが、夜はかなり冷えそうだ。フリースのジャケットを持ってきたのは正解であった。

郵便局で紹介してもらったホテルは堂々の二つ星だったが、オフシーズン料金だから朝食つき一泊十一ポンド（二千九十円）だと言った。夏場はもっと高いらしい。

部屋の窓から山々が望めるロケーションがすばらしい。山腹にしがみつくように、白い壁と赤茶色の瓦屋根の家々が並んでいる。一幅の絵のごとし。家々の屋根が急勾配なのは積雪を防ぐためだろう。カコペトリアにはピクニック場や鱒の釣り場もあって、夏場はヨーロッパから来る家族連れも多いという。

村の小路をぶらついてみた。古めかしい造りの瓦屋根、木造の二階家が多い。村は無人のようにひっそりと静まり返っていた。足もとに咲き乱れる野の花。坂を下ってゆくと、川原に出た。大きな水車がまわっている。壊れて放置されていたのを、最近、修復して、カコペトリアの名所にしたらしい。川の向こうに三階建てのレストランが見えた。水車のそばに川鱒を食べさせる店があると聞いていたが、あの店だろう。西洋人の観光客が大勢すわっていた。

世界遺産に登録された九つのビザンティン教会

トルードス山地には、世界遺産に指定された九つのビザンティン教会がある。

①スタヴロス・トゥ・アギアスマティ教会（聖水の十字架教会）
十五世紀の壁画がよく残っているが、村の僧に鍵をもらわないと、内部は見られない。プラタニスタサ村から三キロ。

②パナギア・トゥ・アラカ教会（豆の聖母教会）
「アシヌーの聖母教会」と「屋根の聖ニコラス教会」とともに、キプロスの最も重要なビザンティン教会とされる。後期コムネヌス朝様式のみごとなフレスコ画があるが、ここも教会の隣りに住む僧に鍵をもらわなければならない。ラグーデラ村。

③ティミウー・スタヴルー教会（聖なる十字架教会）
リュージニャン朝のユーグ四世の息子ジャンが所有していた十四世紀の教会。美しい壁画がある。ペレンドリ村。

④アギオス・ニコラオス・ティス・ステーギス教会（屋根の聖ニコラス教会）
十一世紀から十七世紀の壁画が見られる。修道院付属の教会だったが、いま、修道院はない。島の最も興味深いビザンティン教会のひとつ。積雪から守るために造られた急勾配の木屋根のために、この名がある。カコペトリア村から五キロ。

⑤パナギア・ポディティス教会（足の聖母の教会）

山懐に抱かれたカコペトリア村。赤茶色の民家の屋根が美しい。

森の彼方に白く輝く
聖パラスケヴィ教会。
カコペトリア村。

これもかつて修道院所属の教会だった。ヴェネツィア支配時代の一五〇二年の建立のため、イタリア建築の影響が見られるビザンティン建築。ガラタ村。
⑥パナギア・ティス・アシヌー教会（アシヌーの聖母教会）
十二世紀初め、聖母マリアに奉献された教会。島で最もみごとなビザンティン壁画が見られるが、村の僧に同行してもらわなければ内部は見られない。ニキタリ村。
⑦アギオス・イオアンニス・ラムパディスティス教会（蠟燭の聖イオアンニス教会）
十三世紀と十五世紀の美しいフレスコ画がある。もとは修道院だったが、いまは二つの教会と礼拝堂の建物群になっている。カロパナギオティス村。
⑧パナギア・トゥ・ムートゥーラ教会（ムートゥーラの聖母教会）
十三世紀のこぢんまりした礼拝堂。一二八〇年のフレスコ画がある。急勾配の木屋根を持った教会としては最も古いもののひとつ。隣家で鍵をもらえる。ムートゥーラス村。
⑨アルハンゲロス・ミハイル教会（大天使ミカエル教会）
一四七四年の建立。隣家で鍵をもらえる。教会から数メートルのところにビザンティン博物館がある。チェリイの産地のペドゥーラス村。

九つの教会のうち四つは聖母マリアに捧げられたものである。その昔はオリムポス山頂にもアフロディテの神殿があったというが、ビザンティン以後のトルードス山地は、マリアさまが取って代わっている。思いなしか、この山中にはマリアさまの慈愛が満ち満ちている気配がある。

カコペトリア村から五キロの山中に、「屋根の聖ニコラス教会」がある。タクシイを拾おうか、山の空気を吸いながら歩いてみようかと思案しながら、村の中央広場に行ってみると、ニコシアから来たツアー・バスが停まっていた。ツアー客は昼食中らしく、運転手が退屈そうにタバコを吹かしている。教会へ行く道を尋ねると、

「このバスはいまからアギオス・ニコラオスへ行くんだよ。乗りなさいよ」

と運転手は言った。これもマリアさまのお恵みと、私はすなおに乗せてもらった。運転手のすぐ後ろにすわって小さくなっていたが、西洋人観光客は気に留めるふうもなかった。山のホテルで働いているフィリピンのメードと思われたのかもしれない。

教会内は一面の壁画である。十一世紀から十七世紀に描かれたフレスコ画がびっしりと壁を埋め尽くしている。イエスの誕生、磔刑《たつけい》、復活等々。聖者も天使も殉教者も、みんなプリミティヴ・アートのような、かわいい顔をしている。田舎娘のような清純なお顔の聖母さま。いつまで見ていても飽きない。

残念ながら、イコンは安全のために展示されていない。人里離れた教会は、貴重な文化財の保管場所としては不適当なのだろう。

ビザンティンの教会群は海賊の襲撃を恐れて山中に築かれたというが、坊さんたちも、夏は涼しく、緑の風さわやか、川鱒釣りもできる環境を楽しんでいたのではないだろうか。

夕暮れのひととき、ホテルのテラスで暮れなずむ山々を眺めて過ごした。カコペトリアの山は日暮れ時、ほんとうに紫色に染まる。薄紫が菫《すみれ》色になり、次第に暗く濃くなり、山の端に一番星

がまたたきはじめると、チーチーと虫の声が始まり、空気が急に冷えてくる。

夕食に入ったレストランでも、メニュウを持ってきたのはアジア顔の若者だった。アジアからの出稼ぎ人は山の中まで来ているのだ。

スリランカから来たという若者は、まだ、十八、九だろう。故郷を離れ、ことばもわからぬ異国の山の中に来て、友人もなく寂しいのだろう。尋ねもしないのに「ぼくの名前はラムシーン・シェリフディーン」と名乗り、「日本に行きたいなあ」と言う。

こういう場合、住所を渡して外交辞令を言っていると、ほんとうに頼って来られることだってある。食後のコーヒーといっしょにラムシーン君は自分の名前と店の電話番号を書いたメモを持ってきた。

「日本で働くのはなかなかむずかしいわよ」と、私は言った。決して意地悪ではない。仕事を求めて日本にやってきて、成田で追い返される外国の若者たちは少なくないのである。

満天の星の下、虫の声を聞きながら、ぶらぶらと宿へ帰るとき、遠くの山に、村の灯が点々と瞬いていた。それは闇夜を行くキツネの嫁入り行列のように幻想的に見えた。

「アラブは嫌いだが、アメリカはもっと嫌いだ」

朝の太陽は眩しい。チチチチという小鳥の声。空気が肌に冷たくしみる。レセプションの長身の青年はいつも携帯を握って、だれかと話している。若者にとって、オフシーズンの山は退屈でやりきれないのだろう。

朝食のとき、厨房からコーヒーを運んできたのは、このホテルでもフィリピン顔の女の子だった。地元のギリシア人と西洋人客ばかり見ていると、アジア顔が懐かしくなるのか、嬉しそうに話しかけてきた。

「どこから来たの？」

「日本から。あなたは？」

「フィリピン。まだここへ来て三か月なの。ここでは一人ぼっち。寂しいわ」

「ニコシアにはフィリピンの人、大勢いるじゃないの」

「うん、だから休みはニコシアに行って友だちと遊んでくるの」

日曜日、ニコシアの旧市街で見たフィリピン女性とスリランカ男性の大群を思いだした。

「あなたはどうしてここに働きに来たの？ フィリピンからキプロスは遠いでしょ」

「香港で三年間、働いてたのよ。で、フィリピンに帰ったら、ニコシアで働いてる叔母が、仕事あるから来ないかって言ってきたの。マニラからここまで十八時間かかったわ。ニコシアでこのホテルを紹介されたの」

「そう、で、いつまでここで働くの？」

「わからない。私、ギリシア語できないし、寂しくて。カナダで働いてる兄がいるから、カナダに行こうかなとか。来年はどこにいるか、自分でもわかんないのよ」

要するに、彼ら彼女らは口コミで、あそこにいい仕事があると聞けば、いとも身軽に出かけていくのだ。言語、宗教、習慣の違いなどなんのその、面倒くさいことは考えない。行ってみて、働いてみて、うまくいかなかったら、よそへ行けばいい。あっけらかんとしていながら、タフで、根性がすわっている。ひよわな日本の若者にはとうてい真似できることではない。

山の中でもリゾート地であるから、銀行もあって、朝八時半から営業している。両替に行くと窓口のおじさんに、いきなり「中国人?」ときかれた。

「ノー、日本人。中国はね、コミュニストの国よ。私はコミュニストじゃないの」

窓口のおじさんが雑談したがっている気配だったので、私は乗ってあげた。

「日本人か。あんた、アメリカ好きかね?」

アメリカがアフガンを攻撃している最中だったからだろう。

「アメリカという国家がしていることは、よくないと思うわ」

と言うと、おじさんは身を乗り出してきた。

「そうだよ。アメリカが世界でいちばん悪いんだ。ブッシュは自分が世界の王様だと思っておる。私はアラブは嫌いだが、アメリカはもっと嫌いだ」

庶民の素朴な政治談議を聞くのはおもしろい。ギリシアもキプロス共和国もアメリカの友好国であるだけに、おじさんの発言は興味深かった。ブッシュはいまやキプロス人にまで嫌われてしまったのだ。イラク戦争が始まって、あの銀行のおじさんはもっとアメリカ嫌いになっているだろう。太古の昔から襲撃して来るアラブ人を、キプロス人が嫌いと言うのはわかる気がする。

ギリシアと不仲と言われるトルコもまた、アメリカの友好国であるが、庶民と本音で話せば彼らもたいていはアメリカ嫌いである。

「日本はアメリカに原爆を落とされたのに、どうしてアメリカと仲好しなの？」

という質問は、いまや日本人が世界中で受ける質問になっている。

「でも、一人一人のアメリカ人はいい人なのよね、そう思わない？」

と、私が言うと、

「うんうん、そのとおりだ。それは私もわかってるよ」

おじさんがしきりに共感するから、私は問題をすり替えた。

「トルコ人だってそうだわ。個人レベルでなら、あなたたちだってお友だちになれるはずよ」

「そう思うよ。私だって」

オフシーズンの避暑地の銀行は暇なのである。

トルードス山地名物は川鱒料理

カコペトリアから山中を南下して、プラトレス村に入った。本道からはずれたところに瀟洒なプティ・ホテルを見つけて二泊することにした。トルードス山地で最も大きいリゾート村プラトレスは、カト・プラトレス（低地）とパノ・プラトレス（台地）に分かれ、台地のほうには二十世紀初頭からホテルが建ち、世界のセレブたちも訪れていたという。いまは手編みレースなど売る土産物屋やレストランから観光案内所まである。

リゾートとして整備されていても、標高千メートルを超す山中には自然はたっぷりと豊かである。木だちの中を歩けば、小鳥たちの大合唱と足もとに咲く野の花に迎えられ、乾いた大気がひんやりと肌を刺す。

村から五キロのトルードス修道院はぜひ訪ねてみるつもりだったが、閉館中だという。オフシーズンになると、足場が悪く、従って来訪者の少ない教会や修道院は閉館にしてしまうことも多いようだ。

谷間に見えるメサポタモス修道院へ歩いてみた。新しい建物だが、木々の緑の中に見えるドームと鐘楼がロマンティックに美しい。人けのない山道を行くと、民家の庭で草花に水をやっていた奥さんが「カリメーラ（こんにちは）」と声をかけてくれる。修道院はひっそりとして無人のようだった。

急坂の小道を下っていくと、清流に出た。水が澄んでいるから、小さな魚がよく見えた。

夜、ホテルの人にきいて、川鱒料理を出す店に出かけてみた。

「うちの川鱒はすばらしくフレッシュでおいしいスペシャルものですよ」

入口に立っていた肥った主人が言った。

「サモス島のワインもありますよ。おいしい魚に、おいしいワイン。これぞ幸せというものです」

サモス島はアナトリアに近いエーゲ海の島だが、ここのワインは数あるギリシア・ワインの中でも定評がある。

緑の谷間に眠るメサポタモス修道院。プラトレス村。

トルードス名物の川鱒を食べさせる店が並ぶ。プラトレス村。

みごとに大きな川鱒が大皿で出てきた。添え野菜もたっぷり。六月、サモス島の居酒屋でペンションの仲間と地ワインを飲んで騒いだことを懐かしく思い出しながら、川鱒を平らげた。

南キプロス名物の乗合いタクシイは、こんな山中でも利用できる。しかも、時間の正確さはまさに〝ギリシアばなれ〟している。リマソルに向かう早朝、耳を聾さんばかりの小鳥の声に送られて、タクシイに乗り込んだ。車はぐんぐん山を下り、あっというまに光溢れる海岸の町リマソルに着いた。

朝はフリースのジャンパーを着ても山の冷気に震えていたのだが、午過ぎにはショートパンツにサンダルでビーチを歩いていた。

XI　リマソル（レメソス）

古代王国の遺跡とワイン祭、オスマン時代を偲ばせる旧市街

遺跡の町はワインの町でもある

ファマグスタ（ガジマーウサ）が〝トルコに占領されて〟以来、リマソル（Limassol）は南キプロスの重要な港になった。いまもロードス島や、レバノンのベイルート、エジプトのアレクサンドリアを往復する船はリマソルから出ている。

古代、リマソルはクーリオンとアマトゥースという二つの王国の間に位置する、名もない小さな集落に過ぎなかった。海辺の村だから、住民は当然、漁業と農業に携わっていただろう。だが、いま、二つの王国は遺跡となって住む人もなく、小さな集落だったリマソルが、島都ニコシアに次ぐ南キプロス第二の都市に発展しているのだから、歴史はおもしろい。二つの遺跡はいま、近代都市リマソルの観光資源になっている。

ビザンティン時代の十世紀頃から、小さな集落リマソルは次第に発展しはじめた。十二世紀、アマトゥース王国が滅亡すると、リマソルはネアポリス（新市）と呼ばれて、アマトゥースに取ってかわった。現在、リマソルはレメソス（Lemesos）とも呼ばれている。

リマソルが都市として発展したのは一一九一年、第三次十字軍に加わったイギリスのリチャード獅子心王が、この港からキプロスに上陸して以来のことである。ビザンティンの総督、自称キプロス王のイサアキオス・コムネヌスが、嵐を逃れてリマソル港に入ったリチャード王の婚約者を冷遇したことから事態は紛糾した。

怒ったリチャード王にリマソルを包囲されたイサアキオスはたちまち降伏したが、隙を見て内陸に逃れた。そこに現れたのが、エルサレムの王位を追われたフランスの騎士ギイ・ド・リュージニャンであった。ギイはリチャードに助太刀を申し出てイサアキオスを滅ぼし、その返礼のような形でリチャードからキプロスの統治権を譲渡された。こうして誕生したのがリュージニャン朝で、この瓢簞《ひょうたん》から駒のごとく生まれた王朝が三百年もキプロスを支配することになったのである。リマソルはリュージニャン朝誕生の縁《ゆかり》の地ともいえる。

十三世紀、エルサレムの西北の港町アッコンがイスラム教徒に奪還されると、アッコンにいたテムプル騎士団や聖ヨハネ騎士団の騎士たちはリマソルに逃れてきた。落ちのびてきたとはいえ、東西交易の利権を握り、蓄財に励んでいたテムプル騎士団の移住はリマソルの町を経済的に潤し、発展させた。だが、結局、テムプル騎士団の栄光も繁栄もキプロス島までであった。騎士たちはパリに召還され、フランス王フィリップ四世の命により捕らえられ、異端者の汚名を着せられ、火刑台に送られたのである。

十五世紀末、キプロスはヴェネツィアの支配下に入るが、繁栄するリマソルにはそれ以前からヴェネツィアの商人が多く住みつき、交易に従事していた。

一五七一年、オスマン軍はキプロス攻めに際し、ヴェネツィアの虚を突いてリマソルから上陸した。ヴェネツィア側はよもやトルコが南海岸から攻め込んでくるとは思ってもいなかったから、リマソル港はほとんど防備もなく、オスマン軍は容易に侵攻することができた。

オスマン統治時代には、この町にも多くのモスクやハン（宿泊所）が建てられた。道路や港が整備されたのはイギリス植民地時代である。リマソルに住んでいたトルコ系島民は、一九七四年、北へ強制移住させられ、入れ替わりに北から多くのギリシア系島民が移住してきた。レバノン情勢が不安定になってくると、レバノンから近いリマソルにはレバノン人もやってきて住みついた。町の人口は次第に増加し、自然の良港を持つリマソルは観光地としても発展していった。

一九六一年に始まったリマソルのワイン祭りは、毎年、九月初旬に開催され、いまや世界的に知られたイヴェントになっている。キプロスのワインは昔から定評がある。

ワイン祭の会場になる市営公園の入口には、民族衣装を着た巨大な人形が立てられ、蔵元が露店を出して新作ワインを無料提供する。祭りは二、三日開催され、老いも若きも、海外からの観光客も市民もいっしょになって、飲めや踊れやのお祭り騒ぎが朝までつづく。葡萄とワインの神ディオニソスを讃える祭のモットオは「ワインを飲んで、もっと生きろ」である。

リマソル近郊を車で走ると、山の斜面にひろがる葡萄畑が目をひく。葡萄畑のある村々では、試飲もでき、安くてうまいワインが買える。

街をぶらついていると、鄙《ひな》びたワイン屋の店先に「ワイン試飲無料」という貼り紙があった。

西洋人夫婦が試飲している。見ていると、「一杯どうぞ」と声をかけられた。カウンターにたくさんぶら下がった瓢箪にワインが入っているらしい。

「アルコール弱いのよ」と言うと、年配の主人は、

「じゃあ、これがいい。二日前に仕込んだワインだから、グレープ・ジュースみたいなもんだよ」

と、瓢箪から小さなグラスに赤い液体を注いでくれた。これがなんともうまかった。思わず「おいしい」と言うと、主人は満足げに笑って、

「ほんとはいける口じゃないの。ほら、これがほんとのワインだ」

と、もう一杯注いでくれた。さすがワインの町リマソルである。瓢箪に描かれたかわいい花のイラストはすべて、いかつい顔の主人が描いたものだと言った。

キプロスの商工観光省推薦のワインに、「コマンダリア」すなわち「騎士団領」というブランドがある。「コマンダリア」の広告コピーは左のごとし。

――三百年間、十字軍によって西欧に輸出されてきた「騎士団《コマンデリ》のワイン」はヨーロッパ全土にひろく知られています。フランス王フィリップ二世による有名ワインのコンペにおいて、「コマンダリア」は〝ワインの使徒〟という称号を与えられました。「コマンダリア」はいまや「高貴」「洗練」「一流」と同義語です――

つまり、このワインは十二～十四世紀、聖ヨハネ騎士団がキプロス島に所有していた領地「騎

士団領」で生産されたものだというのである。

十字軍の一翼を担って聖地に駐屯していた聖ヨハネ騎士団だったが、やがてイスラム勢に追われてキプロスに逃げこんだ。一二一〇年、リュージニャンのユーグ一世は彼らに、リマソルに近いコロッシを領土として与えた。コロッシには一四五四年に騎士団が建てた城が残っている。

一四七二年、カテリーナ・コルネーロがジャック二世と結婚すると、島がヴェネツィアの支配下に入ることをいちはやく察知した騎士団は、城や荘園をヴェネツィア貴族に売り渡し、ロードス島へ引揚げていった。

騎士団が残していった葡萄畑でつくられている、由緒正しい世界の銘酒が「コマンダリア」だという。ボトルのラベルにはCommandaria St. Johnの文字と騎士団の紋章が描かれている。

それにしても、フィリップ二世(一一六五~一二二三)は第三次十字軍の遠征やらイギリスとの戦争やらで東奔西走していたはずだが、ワイン・コンペなんかもやっていたのか……。

ケバブ屋もハマムもある往年のトルコ人街

リマソルの東海岸には、近代的なリゾート・ホテルが立ち並んでいるが、私は西寄りの旧市街に宿をとった。いささかうらぶれた感じの旧市街の雰囲気が、私には魅力的だったからである。

軒の低い、石の長屋のような家並みの中に、小さな理髪店、鉄工所、雑貨屋、仕立て屋などが並んでいる。老朽した邸宅を使った、ゲストハウスと呼ばれる民宿が、私のリマソルの宿になった。

旧市街の一隅に、イコンの小さなアトリエがあった。イコンはビザンティン時代からギリシア正教会の修道士たちによって描かれてきたものだが、いまはイコン専門のアーティストもいるらしい。大小の聖母像やイエス像が並ぶアトリエで、大天使ミカエルの像を描いていた男が目顔で招じ入れてくれた。

宿の近くの小さな仕立て屋の主人とも顔なじみになった。仕立て屋といっても、間口二間、足踏みのシンガー・ミシンが二台と裁断台があるだけで、主人が一人でオーダーの紳士服を仕立てている古典的なテイラーである。六十代と思われる主人アンドレアスさんは、私が店の前を通るたびに声をかけ、「コーヒーを飲んでいかないか」と誘ってくれた。私が腰を下ろすと、アンドレアスさんは自ら向かいの食堂へ走り、ギリシア・コーヒーと水のグラスをのせたトレイを運んできてくれる。

ちなみに、ギリシア・コーヒーはコーヒーの粉末と砂糖に水を加えて沸かし、カップに注ぎ、コーヒーの粉が底に沈むのを待って、上澄みを飲むのである。つまりはオスマン帝政時代のトルコ人の置き土産だが、ギリシア人はこれをギリシア・コーヒーと呼び、断じてトルコ・コーヒーとは言わない。

「娘と息子が一人ずついるけど、二人とも結婚したからね。女房と二人でのんびり暮らしているんだよ。朝の七時にここへ来て、夕方五時に閉めて帰っちゃうんだ。昼休みもゆっくりとってね、急ぎの仕事はしないんだ。でも、一着仕立てると、大きなお金が入るし、お顧客《とくい》さまもいる。引退はまだしたくないんだよ」

瓢簞から地ワインを注いで
試飲させてくれるワインの店。

イコンのアトリエ。南キプロス市民の
ほとんどはギリシア正教徒である。

アンドレアスさんは仕事の合間の息抜きに話し相手が欲しかったのだろう。土地の人と話すと、机上ではわからない庶民の暮らしぶりや人生観まで伝わってくる。

海岸通りは椰子の並木の遊歩道になっていた。レストランやカフェも並んで、ショートパンツ姿の西洋人観光客が散歩を楽しんでいる。海辺の近代的なホテルに泊まっている連中だろう。ほとんどがすでに退職した年金暮らしの人たちのようである。年金の許す範囲で、夫婦でリゾートに滞在し、海を眺めてビールを飲み、ぶらぶらと過ごすのが彼らの理想の老後なのだろう。

旅行社の前には「ギリシア本土へ船で行こう」「エジプトへ二日間クルーズ」などという看板が出ている。リマソルのつい対岸はエジプトである。

夏物一掃セールでショートパンツを買い、手編みレースの店を冷やかし、道端のカフェでランチを食べる。メニュウに「ハルーミ・チーズのサンドイッチ」というのがあった。キプロス名物といわれるハルーミ・チーズの名は聞いたことがある。北キプロスでも「ハルム・ペイニーリ」と呼ばれ、キプロス名物とされている。

「キプロスのスペシャルなチーズですよ。キプロスに来たら食べてみなくちゃね」

ウエイターに言われて、さっそくトライしてみた。ギリシアでチーズと言えば、あの真っ白で塩味のきいたフェタ・チーズだが、ハルーミのほうがマイルドで、ぐんとおいしい。ラルナカの本屋で買った『キプロス』という本の食物の項を開いてみた。

「ハルーミ・チーズは田舎でつくられるキプロスの伝統的なドライ・チーズ。羊乳製と山羊乳製とある。工場でつくられるハルーミは牛乳製。できたてもおいしいが、保存もきく。卵をつけて揚げても、焼いてもおいしい」とあった。ちょっとあぶったら、ワインのつまみに最高だろう。

イスタンブールの友人に、キプロスでおいしいドライ・チーズを食べたと話したら、「ああ、ハルムね、あれはうまいんだ」と、トルコ人もよく知っていた。

旧港の近くに、地元の人がカストロ（城）と呼ぶリマソル城がある。十三世紀、リュージニャンが建てたものらしいが、ジェノア人やマムルーク人の攻撃によって破壊され、その後、ヴェネツィア人やトルコ人が修復改造したため、ほとんど原形をとどめていない。キプロスを征服したリチャード獅子心王がベレンガリア姫と結婚式を挙げたのはこの城だとする説もある。

四角い建物が中庭をかこんだ典型的な中世の城砦である。いまは博物館になって、内部もよく整備されている。中庭には十七世紀の大砲や石の砲弾などのほか、オリーヴの圧搾機なども展示されていた。

城の高みからリマソルの街を眺められる。目の前にモスクの尖塔が聳えたち、その向こうに教会のドームが見える。この街の歴史を象徴するような眺めだ。

モスクのそばで、「ケバブ・ハウス」という英語の看板を見た。ケバブとはトルコ語で肉料理をいう。この辺りにトルコ系島民が多くいたらしい。トルコ系の人々は一九七四年に強制移住させられたはずだが、南側の国籍をとって残った人も僅かながらいるらしい。

実際、三百年にわたって両民族が混在していた島であれば、いかに宗教や民族の違いがあっても、混血は起こったはずだ。何年か前、私がトルコの地中海岸の町アナムールで会った商店主は、自分の父祖はキプロス出身のギリシア人だが、自分はこの地で生まれた、歴《れっき》としたトルコ人であり、妻もトルコ人、トルコ人としてこの地で生き死ぬことに満足していると話した。「トルコ人もギリシア人も同じなんだよ。向こうに住んでるのがギリシア人、こっちに住んでるのがトルコ人と言うだけのことさ」と、くり返し言っていたことばが印象的だった。

近くにはトルコ式のハマム（公衆浴場）もあり、いまも営業している。オスマン支配時代の建物をそのまま使っているようだ。のぞいてみると、カウンターに若い男がいた。「トルコ式のハマムなの？」ときくと、「イエス」と言う。トルコ式浴場のオリジンはローマ浴場だというが、キプロスの人々も三百年間、トルコ人と共存している間に、トルコ式のハマムになじんでしまったのだろう。

古代都市国家の遺跡　クーリオンとアマトゥース

古代都市国家クーリオンの遺跡はリマソルから西へ十九キロの海辺にある。ヘロドトスによれば、この王国を築いたのは、ペロポネソス半島のアルゴスから来たアカイア人だという。クーリオンはローマ時代まで繁栄していたが、四世紀、大地震がこの都市を破壊した。現在は海辺の都市跡に多くの遺構が残っているだけである。

城砦前から遺跡へ、便数は少ないが、バスが出ていた。この遺跡のいちばんの見ものは三千五百人収容できる円形劇場である。クーリオンの都市跡は六〇メートルの台地上にあるが、円形劇場の階段席はその急斜面を利用してつくられている。

階段席のてっぺんまで昇ると、青い海が眼下にひろがっている。円形劇場はこれまでにもポムペイやエフェソス、ベルガマやアスペンドス等々の大規模なのを見ているが、このローマ劇場はエーゲ海を背景にしたロケーションがすばらしい。古代人は考えることが壮大だ。輝く太陽の下、潮風が吹きつける円形劇場に三千五百人の人々がすわった光景を想像する。この劇場はいまもギリシア悲劇やシェイクスピア劇の上演に使われているという。

炎天下の遺跡は暑い。リマソルの町からバスで来る観光客をねらって、アイスクリーム屋の車が停まっていた。

遺跡には円形劇場のほか、初期キリスト教のバシリカや、モザイクの残る古代人の住宅跡など見ものがあるが、西洋人の団体客は炎天下を歩くのが嫌なのだろう、みんな茶店にへたりこんで、歩いている人はほとんどいない。

暑さで倒れないように帽子を目深に被り、ローマのヴィラ、バシリカ、ニムフの館、剣闘士の家など、早足で見てまわった。

この遺跡から三キロ西にある「アポロンの聖域」は、四世紀まで聖地として守られていたという。太陽の神、詩と音楽の神であったアポロンはまた、農夫と牧夫の守護人であり、森の神でもあった。森林にかこまれ、鹿や野生の動物たちが住んでいたこの土地を、古代人はアポロンの聖地にふさわしいと考えたのだろう。

リマソルの町から、クーリオンの遺跡と反対に、東へ一一〇キロ行くと、アマトゥースの遺跡がある。この古代都市遺跡も築かれた時代は明らかではないが、ビザンティン時代まで都市として繁栄していたらしい。出土したアフロディテの神殿は紀元前一世紀のものと考えられ、再建が行われている。現在もつづいている発掘作業によって、城壁、門、円柱、アーケイド、下水溝、碑文、浴場、貯水池などが現れ、古代都市の全容が次第に明るみに出てきたという。

タクシイで出かけてみたが、アマトゥースはクーリオよりさらに興味深い遺跡であった。タクシイは待ち時間一時間込みで、十ポンド（二千円）で交渉成立。車はリマソルの市街を出て海岸沿いに走る。海岸沿いの道は行けども行けどもホテルだった。近代的な五つ星、四つ星、三つ星という観光ホテルが数えきれないほど並んでいる。わがゲストハウスのある旧市街のうらぶれた雰囲気とはまったく違う。

アマトゥースの遺跡はそのホテル街を抜けたところにあった。アクロポリスの丘の麓では、炎天下、発掘作業が行われていた。監督官か考古学者か、スーツを着た男が一人いたが、あとはそのへんで掻き集めた村人らしい人たち十数人が働いている。しばらく見ていたが、みんな暑さに参っているのだろう、だらだらと、気が乗らないようすに見えた。これでは古代王国の全容が明らかになるのはいつのことかわからない。

アフロディテの神殿があったアクロポリスの下の都市跡は、かなり掘り出されていた。アゴラ（市場）跡の円柱が数本、青い空に屹立し、海寄りにはバシリカの跡も見られる。

往時はアクロポリスに神殿が聳え、その麓にフォーラム（集会広場）やアゴラやネクロポリス（共同墓地）を擁する都市がひろがっていたのだろう。城壁のすぐ外には地中海の波が寄せている。白い遺構と青い海。さぞや華やかに美しい都市であったろう。想像するだけで、胸が躍るような光景であった。出土品の多くはロンドンやニューヨークの博物館に収められているという。期待以上にすばらしい遺跡が見られたことに大いに満足して、私は待たせていたタクシイに乗り込んだ。

老朽邸宅を使ったゲストハウス

ここで、私がリマソルで泊まった宿についても少しだけ語らせていただきたい。南キプロスには民家を使った安宿〝ゲストハウス〟というものがあると聞いていたので、リマソルではゲストハウスに挑戦してみようと思っていた。

ガイドブックで見つけた「ヘラ」というゲストハウスは洋品店の二階にあったが、受付で呼べど叫べど、だれも出てこなかった。オフシーズンは開店休業ということらしい。洋品店の人が近くに「イカロス」というゲストハウスがあると教えてくれた。

ヘラだのイカロスだの、ギリシア人はギリシア神話がらみのネーミングが好きらしい。昔は豪邸、いまぼろホテルというゲストハウスはすぐ見つかった。デコラティヴな建物が老朽し、捨てがたい味がある。モザイク模様のある石の階段を昇ると、小さなレセプションがあって、痩せぎすのおばさんが出てきた。このおばさんがレセプション兼掃除婦兼雑役係らしかった。

部屋は一泊五ポンド（千円）だという。前払いを要求された。それにしても、この家の異様なたたずまいはなんなのだろうか。〝異様に飾りたてたお化け屋敷〟と言うべきか、〝デコレーション狂の館〟と言ったらいいのか。この家の住人はどういう趣味の持ち主なのかといぶかった。

ドアが開いていたオーナーの私室は、古風なシャンデリアに、派手なカーペット、壁一面に額や鏡が掛けられ、小卓には写真立てが林立している。入口には大きな犬の置物がすわり、そこらじゅうに赤いバラの造花が飾られ、花柄のソファにはクッションがごたごたと積まれ、大きな鳥籠が下がっている。大小のテーブルがいくつも置かれ、その上に所狭しと、陶器、石膏の人形、果物籠、花瓶、置物、造花、観葉植物、レースや刺繍……ノスタルジックで、けばけばしくて、なにがなんだかわからない。この部屋だけで西洋骨董屋が開けそうであった。

同じようにごたごたと飾りたてた隣りの部屋には、オーナーらしい老夫婦が真っ赤なソファにすわってテレビを見ていた。ちらと見ただけだが、おばあさんは髪を結い上げ、派手なネックレスをしていたが、おじいさんは部屋着姿だった。ホラー映画のロケにでも使えそうな、奇怪な雰囲気が漂った家である。

客室は私室とは対照的にひどく殺風景だった。天井には裸電球、ベッド二台と鏡、ハンガー一個あるのみ。シーツもピローもまあまあ清潔だが、百年間使い込んだと思われるほど古びていた。

軽く百年はたっている家だから、イギリス植民地時代の初期に建てられたのだろう。オーナーは恐らく、昔は相当な資産家だったのが、いまは零落して収入の途もなくなり、ゲストハウスを始めたのかもしれない。部屋いっぱいの装飾品は羽振りのいい頃、買い集めたのだろう。かつて

3500人収容できる円形劇場。クーリオンの遺跡。
階段席から青い海を眼下にできる。

海辺にひろがる古代都市の跡。アマトゥースの遺跡。
現在も発掘がつづいている。

のリマソルの上流階級の生活の断面を見た思いがした。

美しい建物が立ち並んでいただろうリマソルの旧市街。この町の繁栄は近代ホテルの立ち並ぶ新市街に移った。哀愁漂う、さびれた町になってしまった旧市街を象徴するような〝お化け屋敷〟に泊まれたことを幸運に思った。

朝、ゲストハウスの近くの軽食堂に朝食をとりに行く。八時半頃になると、常連らしい近所のおじさんたちが、新聞を片手に、一人また一人とやってくる。仕立て屋のアンドレアスさんも常連の一人である。朝、仲間とこの店で顔を合わせ、カリメーラ（おはよう）と挨拶を交わし、新聞に目を通し、ギリシア・コーヒーをすすって一日が始まる。これがギリシアのおじさんの正しい生活なのであろう。


日が落ちれば、リマソルの旧市街はたちまち暗くなり、人通りもまばらになる。その中で、葡萄棚の下のタベルナ（食堂）だけが明るく、地元の人たちがウゾ（大衆酒）を飲み、観光の西洋人老夫婦がスブラーキ（串焼き肉）を食べている。海岸通りから風に乗って、民謡の物悲しい旋律が聞こえてくる。

XII　パフォス
ローマ遺跡とアフロディテの浜、いまは西洋人に人気のリゾート

ローマ時代、パフォスは島都だった

東西に長いキプロス島の西端に位置するパフォス（Pafos）は、いまはヨーロッパ人に人気の海浜リゾートだが、キプロス史における重要な都市でもあった。

ヘレニズム時代からローマ時代、パフォスは島都であり、多くのローマ人が住みついていたのだ。いまもパフォスの浜辺には、ローマ時代の都市跡が広大な遺跡となって残っている。

キプロスは「アフロディテの島」と言われるが、女神が流れ着いたのがこのパフォスの浜とされている。キプロスには古くから各地にアフロディテの神殿が建てられていた。その後、キリスト教徒によって女神の神殿は破壊され、島都はニコシアに移ったが、パフォスはいまもキプロス人の心の故郷である。

伝承によれば、この町を築いたのはトロイ戦争の英雄の一人、アガピノールだといわれる。トロイ戦争で活躍したギリシア側の英雄といえば、アガメムノン、メネラオス、オデュッセウス、アキレウス、ネストールらが挙げられる。彼らにくらべたら、アガピノールは少々地味な英雄か

もしれない。

アガピノールはテゲア（アルカディアの南部）の王アンカエウスの子で、トロイ戦争ではアルカディアの指揮官としてアガメムノンの軍に従っている。アガピノールは槍の達人でもあり、かのトロイの木馬にも、オデュッセウスやネストールらとともに潜み、トロイ軍を混乱に陥れた一人でもある。

パフォスの町の中心に、「アガピノール」という大きなホテルを発見した時は妙に嬉しかった。パフォス市民にとっては、いまもアガピノールはわが町が誇る英雄なのだろう。

アレクサンドロス大王没後、キプロス島はまるごとエジプトのプトレマイオス王国に併合されたが、そのとき島都に選ばれたのがパフォスであった。ローマ時代もパフォスは首都でありつづけ、はるばる移住してきた大勢のローマ人が暮らしていた。紀元前一五年、町が大地震によって破壊されたとき、ローマ皇帝オクタヴィアヌスはパフォスの再建に助力したという。キプロスの州都であるパフォスを崩壊したままにしておくわけにはいかなかったのだろう。

イエスの死後、聖パウロと聖バルナバが伝道の旅で訪れたパフォスで、時のローマ総督セルギウス・パウルスをキリスト教に改宗させたことはひろく知られている。その結果、キプロスは「キリスト教徒の支配者を持つローマの州」の第一号となった。

やがてローマ帝国は東西に分裂し、キプロス島はビザンティン帝国の支配下に入って、首都は島の東端の町サラミスに移された。その頃からパフォスはアラブの海賊たちの標的となり、度重なる襲撃を受けるようになった。いまも海辺の遺跡の中に、ビザンティンが築いた城塞の遺構が残っている。

リュージニャン時代のパフォスは東西交通の寄港地として発展し、ヨーロッパからエーゲ海を渡ってくる船はひとまずパフォス港に錨を下ろした。だが、オスマン時代には、キプロス全島の衰退に伴って、パフォスもさびれた港町になった。しかし、ギリシア正教会はオスマン政府の庇護を受けて復活し、ラテン教会に取ってかわる力を得ていた。

イギリス植民地時代になると、全島のインフラは充実してきたが、パフォスの住民はより豊かな生活を求めてニコシアやリマソルに移住したため、町は近代化から取り残された。パフォスが海浜リゾートとして急速に発展したのは、一九七四年の南北分断後のことである。


リマソルからパフォスへの移動にも、私は乗合いタクシイを利用した。左手に青い青い地中海を眺めながらのすばらしいドライヴ・コースである。

その車内で、隣席の地元の人らしいおばさんがいきなり「キネーゼ（中国人）？」と、私に言った。「ノー、日本人です」とだけ応えると、今度は「ここで働いてるの？」と来た。彼女は私をキプロスに大勢働きに来ている東アジア女の一人と思っているようだった。

「ノー。ツーリストです」と言っても、なんの反応もない。キプロスに生まれ暮らす彼女にとっては、日本人も中国人もフィリピン人も、みな同じ東アジア人なのだろう。

乗合いタクシイはアフロディテが漂着した場所といわれるビーチを通過した。愛と美と官能の女神はこの浜に漂着したとされている。アフロディテはキプロス島に上陸するや、たちまちその本領を発揮し、自由奔放な活躍を始めたのである。

キプロスを舞台にしたギリシア神話の数々

アフロディテはこの島に住み、ヘーパイストスという醜い顔立ちの鍛冶《かじ》の神を夫にするが、愛の女神である彼女は自由気ままに男たちを愛し、夫の嫉妬を煽った。

アフロディテが恋人の軍神アレス（マルス）と愛し合っているとき、ヘーパイストスは蜘蛛の巣のような金網をつくって二人にすっぽりと被せ、神々の笑い者にするなどして報復を試みたが、結局は妻の魅力に負け、度重なる浮気も許してしまうのであった。

気まぐれなアフロディテの怒りを買った最も不幸な女はミュラだろう。キプロスの王女だったミュラはアフロディテの祭祀を行う義務を怠ったのである。アフロディテは怒った。

「小娘が不遜な！」

ミュラはエロスの黄金の矢で心臓を射られ、あわれ、わが父親であるキニラス王を恋することになった。父への熱い恋情とわが罪の深さに懊悩《おうのう》し、一度は自殺もしかけたミュラであったが、暮夜、父親の寝所へ忍び込んだ。父親はわが娘とは知らず、闇の中で娘を抱いた。幾夜か、父と娘は愛を交わしたが、キニラスはある夜、寝所に通ってくる女の顔が見たくなり、明かりを灯してしまう。己が抱いていた女がわが娘だと知ったキニラスは、わが罪の深さに戦《おのの》き、剣を取って娘を刺そうとする。が、一瞬、父親の情がそれをためらわせた。

ミュラは逃げ出し、キプロスの野を一人さまよう。だが、ミュラのからだにはすでに父キニラスの子が宿っていた。生きる力を失ったミュラは神に祈った。

「神さま、私はもうこれ以上、生きていたくございません。私を人間でないものに変えてくださいませ」

ミュラは一本の木に変えられた。彼女が流しつづける涙は香気を放つ樹液となった。人々はこの木をミルラ（没薬《もつやく》）と名づけた。やがて、月満ちて樹皮が破れ、玉のような男の子が生まれた。美少年の代名詞になったアドニスである。

子育ては苦手のアフロディテは男の子を地下の女王ペルセポネ（地下の王ハディスの妻）に預けて養育を任せた。やがてアドニスが輝くような美少年に成長すると、ペルセポネは美少年の虜になり、自分の恋人にしてしまった。

恋多き女神アフロディテはアドニスが欲しくてたまらなくなった。

「あの子を返してちょうだい。約束でしょ」

と迫っても、ペルセポネは返そうとしない。苛立ったアフロディテは神々の中の神ゼウスに訴えた。

「ペルセポネは私が預けたアドニスを返してくれないのです」

困ったゼウスの大岡裁きは「アドニスは一年の三分の一はアフロディテと、三分の一はペルセポネと暮らし、残りの三分の一は一人で暮らすように」というものであった。一件落着。

美少年アドニスの趣味は狩りであった。アフロディテが心配して「狩りは危険よ」と注意しても聞く耳を持たない。そしてある日、山野を歩いていたアドニスは、突進してきた猪の牙に刺されて倒れたのである。猪の正体は軍神アレスだった。アフロディテとアドニスの仲を嫉妬したアレスが姿を変えて彼を襲ったのである。

アフロディテは急を知って駆けつけたが、時すでに遅し。美少年は女神の腕の中でみるみる冷たくなっていった。アドニスの血がしとどしみこんだ大地に、女神は涙ながらに神酒ネクタルを注いだ。

「愛するアドニスよ。あなたの思い出のために、私は毎年、祭祀を営みましょう」

すると、そこから見るまに一本の草が芽吹き、血のように赤い花を咲かせたのである。だが、この花はアドニスの命のようにはかなく、微かな風にもはらはらとその花びらを散らせるのだった。その花は風（アネモス）に因んでアネモネと名づけられた。キプロスの野を彩るアネモネである。

アフロディテとアドニスの物語は異説も多い。アドニスはフェニキア（レバノン）の生まれだとする説も根強い。フェニキアのビブロスの王の子として生まれたアドニスと、キプロスから来たアフロディテがビブロスの森で会い、たちまち恋に落ちたというのである。二人はアフカの洞窟で愛の日々を送る。アドニスの死については諸説ほぼ同じで、狩猟中に、猪に姿を変えて現れたアレスに襲われて死に、その血潮からアネモネの花が生まれたとされている。

キプロスを舞台にしたギリシア神話のエピソードは数多い。人形に恋した男ピグマリオンの物語もキプロス島が舞台である。

キプロスの王ピグマリオンは自ら彫った象牙細工の女人像に恋してしまった。どんなに愛し、搔き抱いても、相手は冷たい象牙の人形、なんの反応もない。思い悩んだピグマリオンは愛の女神アフロディテに訴えた。

女神はピグマリオンの一途な恋を哀れに思い、象牙の人形に生命を吹き込んでやった。アフロディテもときには人助けもする。

象牙の人形だった美女は、そのミルクのように白い肌からガラテア（ガラはギリシア語で牛乳の意）と名づけられ、ピグマリオンと愛し合って幸せに暮らしたという。

ガラテアは（象牙のくせに！）なんと子供まで産んだ。パフォスと名づけられたその子の子がキニラス王である。キニラスは島の西南端に都を築き、父親の名をとってパフォスと名づけた。キニラスが建てたアフロディテの神殿は四世紀まで残り、全地中海世界から巡礼者を集めていたといわれる。こうなると、歴史と神話の境目がわからなくなる。

海辺に立つ城砦と奇跡の聖母教会

地図を見ると、パフォスの町はパフォスとカト・パフォスという二つのエリアに分かれている。海岸から内陸に入った町の中心がパフォスで、海辺の城砦や遺跡のあるエリアがカト・パフォスと呼ばれている。「カト」はギリシア語で「低い」という意味。確かに、海辺は内陸より標高は低い。

カト・パフォス（海辺）には近代的なリゾート・ホテルが立ち並んでいるが、私はパフォスのこぢんまりしたホテルを選んだ。パフォスから海辺までは一キロ半くらい、バスもあるし、ぶらぶら歩いても行かれる。

カト・パフォスはまさにビーチ・リゾートだった。もう十月だったが、ホテルやレストラン、お土産物屋、アイスクリーム屋、タトゥー屋が並ぶ椰子並木の海岸通りには、ショートパンツの西洋人観光客がうろうろしている。キプロスの空の玄関はラルナカだが、滞在型観光客のためにヨーロッパからパフォス空港に直行便が飛んでいる。海と太陽だけが目当ての彼らはまっすぐパフォスに飛んで来るのである。

港には大小のヨットや漁船が無数に停泊していた。ヨーロッパからクルーザーでやってくる人も多いのだろう。

その昔、アフロディテの神殿を訪れる巡礼者たちも、この港から上陸したのだろう。キプロスの首都であったローマ時代には、パフォスは貿易港としても栄えた。港には多くの帆船が停泊していただろう。昔の防波堤の名残りも見られる。

海岸通りをハーバーに沿って歩いていくと、堤防の突端にトルコ人が建てたパフォス城がある。こぢんまりとした、長方形二階建ての城砦だが、波打ち際に立って敵艦に睨みをきかせているかのように見える。

城門に、一五九二年、アフメット・パシャがこの城を建てたという碑文が見られる。この場所にはビザンティン時代から城塞が築かれていたという。ヴェネツィア人はその城を修復して使っていたが、オスマン軍が攻め入ったとき、破壊された。現存する城塞は古い城を建材にして、同じ場所に建てられたものと思われる。城のすぐそばに、昔の城の残骸がわずかに残っている。

城塞の屋上からの眺望がすばらしい。目の下には海岸通りを散歩している観光客たちの群れ。頭をめぐらせば、エジプトへつづく大海原。城の屋上には三つの部屋があった。ひとつは兵士たちのモスクで、二つは兵士たちの宿舎だったという。アナトリアから遠く南海の島に送られてきたトルコの兵士たちは、この屋上で月を仰ぎ星を数えて望郷の想いに駆られたことだろう。

イギリス植民地時代には、この城塞は塩の倉庫として使われていたそうだ。


海に近い台地に、パナギア・セオスケパスティ教会（聖処女マリアの教会）が優雅な姿を誇るかのように立っている。この教会の縁起に興味をそそられ、さっそく出かけてみた。建物はビザンティン様式だが、イギリス植民地時代の一九二八年に、昔の教会の基礎の上に再建されたものだという。

ビザンティン時代、キプロスの海岸はいつもアラブの海賊の攻撃に曝されていたが、教会の伝説によると、海賊船が近づいてくると、あたりに黒い雲が現れ、教会は雲に包まれて見えなくなったという。あるとき、一人の海賊がなんとか教会に忍び込み、黄金の燭台を盗もうとした。すると、あら不思議、盗賊の両手が手首からぽろりと切れて落ちたというのだ。マリアさまの聖なる力、つまり神罰が当たったのである。この種の伝説はキプロスには少なくない。

コンスタンティヌス一世の母后ヘレナが、キリストが処刑された十字架を求めてエルサレムまで旅し、十字架を発見、それを携えての帰途、キプロス島に立ち寄った話もよく知られている。そもそも十字架が発見されたこと自体が眉唾であるが、ヘレナがキプロスに聖母を奉る聖堂を建て、十字架の一部を収めると、それまで旱魃《かんばつ》がつづいていたこの島に恵みの大雨が降るという奇跡が起こったという。

しかし、キリスト教会を建てるたびに、その建築資材として古代の神殿が壊されていたのだから、マリアさまはお喜びでも、アフロディテさまは泣いておいでだろう。

南キプロスの人々にとって日本は遠い

パフォス城の入口で入場券を買うとき、係員のおじさんが私にきいた。

「チャイナ?」

「ノー」

「フィリピン?」

「ノー」

「タイランド?」

「ノー」

「コーリア?」

「ノー」

なぜジャパンが出てこないのか。こんなことは初めてだ。キプロス島の端っこのパフォスまで来る日本人はめったにいないからだろうか。キプロス島に来て、一人の日本人にも会っていなかった。

「東アジアでもうひとつ、重要な国を忘れちゃあいませんか？ すし食いねえ」

私はついに森の石松になってしまったが、窓口のおじさんは最後までジャパンとは言わなかった。

「ジャパンよ、ジャパン！」と、言ってみたが、おじさんは「そうかい」という程度の反応しかしない。トルコの片田舎だって、日本人といえば一目おいてもらえるのに、なんだか妙な気分である。キプロス人にとって日本ははるか遠い国なのだろう。キプロスの在留邦人は二〇〇三年現在で十二人だという。

夜、食事に行った中華料理屋の中国人らしいウエイトレスは、自分と同類の顔に親しみを感じたのか、「どこから来たの？」と話しかけてきた。

「チャイナ？」

「ノー」

「シンガポール？」

「ノー」

「フィリピン？」

「ノー。東アジアにもっと重要な国があるでしょう？」

「ロシア？」

南キプロスに観光で来る東アジア人はめったにいないのである。

しつこいようだが、ついでにもう少し言わせていただきたい。ホテルの前で会った、黒いラー

ソ（僧衣）を着た正教の坊さんは、優しい笑顔で「カリメーラ（こんにちは）」と言った後、

「どこから来たの？　ロシア？」と尋ねた。

「オーヒ（ノー）！」

「ブルガリア？」

どうして私がロシア人やブルガリア人に見えるのだろうか？　確かに、トルコにもギリシアにもロシアやブルガリアからの出稼ぎ女が来ている。南キプロスの人は金髪碧眼以外の外国人は、みな出稼ぎ人だと思っているのかもしれない。

アイスクリーム屋の女の子はさらにひどかった。日本人だと言うと、「ジャパンとヴェトナムは同じ国でしょ？」と軽く言った。

キプロス人は世界を知らな過ぎると呆れたが、考えてみれば、日本人もキプロスについてほとんどなにも知らない。ギリシアとトルコについてはある程度の認識がある日本人も、キプロスに関してはほとんどなにも知らないことを改めて思い起こした。

テレビンノキに白い布を結んで願掛け

パフォスの町と海岸の中間に、ヘレニズム時代のカタコムベ（地下墓所）や、聖パウロが繋がれたといわれる石柱などがあるという。それを見に行こうと歩いていると、背後から来たバイクが私の横に停まった。

「こんにちは。ぼくはカルロス。日本に行ったことあるよ」

ヘルメットを脱いだ男は三十歳前後に見えた。ああ、やっと日本国の存在を知っているキプロス人に会えた。カルロス君はパフォスの町でお兄さんといっしょに観光会社をやっていると言って、名刺をくれた。

「カタコムベを見に行くんでしょう？　後ろに乗れば」

バイクは風を切って、びゅんびゅん走った。カタコムベは大通りのすぐわき、広大なバシリカ遺跡の隅にあった。石灰岩の小さな建物の入口から、石の階段を降りる。意外に深い。この建物はおそらくヘレニズム時代のもので、後に地下墓地として使われるようになったと考えられている。

ビザンティン時代、建物の内壁はフレスコ画で飾られていたらしい。いまも、九世紀とも十二世紀とも言われる壁画の跡が微《かす》かに見られる。地下二階に小さな池があった。

「聖なる水だよ。昔はあの水でからだを洗うと、病気が治るなんて言われていたんだ」とカルロス君は言ったが、私にはただの地下水が溜まっているようにしか見えなかった。

カタコムベの入口のすぐそばに、大きな木が枝をひろげ、その枝にたくさんの白い布切れや紙切れが結びつけられていた。

「この木に白い布を結びつけると願いごとが叶うんだよ」

カルロス君は言った。日本でも神社の木の枝におみくじなど結びつけて願掛けをするが、まったく同じことをギリシア正教徒であるキプロス人もするらしい。トルコでも木の枝に布切れを結んで願掛けをする。民間信仰のようなこの習慣は、地球上のかなり広範な地域で行われているのだろう。

「白いハンカチ持ってない？」と言われたが、私は花柄のハンカチしかなかった。

「ちょっと待ってね。買って来るから」と言ったと思うと、カルロス君はバイクに飛び乗ってどこかに行ってしまった。私は木陰にすわって、ラルナカで買った『キプロス』という本を取り出し、パフォスの項を開いた。

この地下墓所は「聖ソロモンのカタコムベ」と呼ばれ、この巨木は樹齢数百年のテレビンノキだという。辞書によると、テレビンノキは「地中海地方産のウルシ科の木」とある。『キプロス』という本には「この枝に、病人が衣服やハンカチを下げると、病気がよくなると信じられている」とあったが、願いごとが叶うとは書いてなかった。

カルロス君が真新しい白いハンカチを握って帰ってきた。

「これを結んで。願いごとが叶うよ」

「じゃあ、全世界に平和を！」

「大きく出たね」

私はハンカチを木の枝に結んだ。

カタコムベから南西にひろがる遺跡は、初期キリスト教時代の「クリソポリティッサのバシリカ」跡である。遺構は林立する円柱群だけだ。石切り場のように瓦礫が散らばる遺跡の中に、背の低い、白い石の円柱が一本、にょっきりと立っている。人の背丈ほどもない。

「これが聖パウロの柱だよ」

カルロス君が言った。柱のそばに「聖パウロの柱」と書いた小さなプレートが設置されているが、彼が教えてくれなかったら、見過ごしてしまったかもしれない。この柱に、聖パウロが繋がれ、鞭打ちの刑を受けたという。イエスの福音を伝えるため、聖バルナバとともにパフォスを訪れた聖パウロは、最初は人々の反感を買って迫害されたが、最後にはローマ人の総督セルギウス・パウルスをキリスト教に改宗させてしまったのである。

「聖パウロの柱」のすぐ東に、ビザンティン風の古びた石積みの教会が見える。聖キリキア教会である。日曜の朝の礼拝に集まってきた人々が教会の中に吸い込まれていく。

この教会はリュージニャン時代に建てられたカトリック教会だったが、オスマン帝国がキプロスを占領した後、ギリシア正教の教会に変えられたという。

いま、この教会は三転し、パフォスに住む英国人のための英国国教会になっている。鐘楼とドームが妙にバランスが悪いと思ったら、鐘楼は二十世紀初め、イギリス植民地時代に付け加えられたものだった。クリソポリティッサのバシリカ跡にあるため、「クリソポリティッサ教会」とも呼ばれている。

教会のわきで、野外バザーを開いている人たちがいた。イギリス人らしい。手芸品や古着、日用品など並べた慈善市である。植民地時代の名残りで、この町にも少なからぬイギリス人が住んでいるようだ。

「イギリス人はときどきここでバザーをやるんだ。今日は日曜だからね」と、カルロス君が言った。

広大な遺跡の彼方に、丸い石のドームが二つ並んでいるのが見えた。ドームには採光のための穴がいくつも穿たれている。昔の浴場跡であることは、ひと目でわかる。

「フランス人が建てた浴場だよ」とカルロス君に言われて、また本を開く。この浴場はリュージニャン時代に建てられたもので、百人は収容できたという。いまのフランス人は風呂好きとはいえないが、本国とはくらべものにならないキプロスの暑さに、十字軍の落ち武者たちも浴場に通ったのかもしれない。

観光開発が進むビーチ・リゾート

これからブランチを食べに行くというカルロス君につきあって、バイクでビーチへ行った。南キプロスの独身青年の朝昼兼用食はどんなものか興味があった。彼がいつも日曜のブランチを食べにくるというカフェテリアは、地元の客ばかりだった。カルロス君がたのんだ「朝食セット」は、ソーセージ、ハム、サラミ、ビーンズの盛り合わせと、パン、コーヒー。彼はこれにフライド・ポテトを追加した。私はキプロス名産ハルーミ・チーズのサンドイッチとオレンジ・ジュースを注文した。

カルロス君兄弟の観光会社は、町から少し離れたビーチ・ヴィレッジにレンタル用のヴィラを持っているそうだ。

「寝室四つ、家具つき、プールつきだぜ。十四人は泊まれる。冷蔵庫も洗濯機もでっかいのがあるよ。この夏はドイツ人の若いグループに貸したんだ」

海辺に立つパフォス城の
屋上から見下ろしたパフォス港。

「聖ソロモンのカタコムベ」
と呼ばれる地下墓所の入口。

リュージニャン時代に建て
られた浴場。天窓を開けた
丸いドームが二つ並ぶ。

外国からの観光客はやはりイギリス人がいちばん多いという。ロンドンからパフォスまで直行便があって、四時間で着く。次がドイツ人。ベルギー、オランダ、スイスの順だそうだ。キプロスに来る観光客は一〇〇パーセントがヨーロッパ人だから、キプロス人には東アジア人が観光に来るなど考えられないことだったのだ。パフォスに遊びにくる外国人は年々増えているという。

カルロス君のバイクで、彼の海辺のヴィラを見に出かけた。町をはずれた海辺に、角砂糖をばらまいたように、白い貸し別荘が点在している。カルロス君兄弟所有のヴィラは想像したより立派だった。新品の家具やキッチン用品も完備、二階にはダブルベッドを据えた寝室が四つ。お兄さんが芝生に水をまいていた。

この辺り、観光開発が進んでいるエリアらしい。目のまえに地中海がひろがっている。昼間はマリン・スポーツやビーチでごろごろ、読書や散歩、夜は街へ食事に出かけたり、ヴィラでパーティしたりという滞在型の休暇が好きな人にはよさそうだ。しかし、日本からは遠過ぎる。ビーチでごろごろが目的なら、日本人には沖縄もハワイもある。

参考までに、賃貸料を尋ねたら、きれいなリーフレットをくれた。

「三寝室、四寝室、五寝室、プールつき眺望絶佳なヴィラ。十二人から十四人まで宿泊可能。エアコンつき。ジャグジーつきプールあり。週一度、メード・サーヴィスあり。暖炉、庭園、皿洗い機、調理器具、テレビ、駐車場、キッチン、洗濯機、冷蔵庫、ステレオつき」で、レンタル料は七～八月のハイシーズンが週千百二十ポンド（二十二万四千円）、十一～三月のオフシーズンが週四百二十ポンド（八万四千円）。夫婦四、五組で利用したら安いのかもしれない。

「キプロスはいいよ。一年中、寒くないからね。一月二月の最低気温が五度だよ。冬だって昼間は十五度以上ある」

カルロス君の言うとおり、住みよいところではあろう。一年中、暖かいと、人々の気質も大らかに、のんびりしてくるのだろう。換金に行った銀行でも、行員たちはのんびりだらだら働いているように見えた。お客が大勢待っていても気にもとめないようすだ。

リゾートだから、街にタンクトップの女性が多いのは当然だが、銀行の窓口の女性まで、ノーブラの谷間がみごとに見える、真っ赤なタンクトップである。日本の銀行ではまず考えられないことだが、すべてにのんびりと大らかなのは悪いことではない。

海辺にひろがる広大な古代遺跡

ホテルが並ぶ湾岸と反対側に、広大な古代遺跡がひろがっている。古代都市パフォスの跡である。入場料を払って入ると、入口近くに出土したモザイクを展示した建物があるが、あとは日陰ひとつない炎天下を歩かなければならない。

海岸通りには大勢の人がぶらぶらうろうろしているが、遺跡を歩いている人はごくわずかだ。パフォスに遊びに来る西洋人のほとんどは太陽と海を楽しむのが目的で、古代遺跡などどうでもいいらしい。

広い遺跡の西端に白い灯台が立っている。灯台のそば、古代のアクロポリスがあったと思われる台地に、紀元一世紀の円形劇場がある。二、三千人は収容できたこの劇場で、ローマ人たちは潮風に吹かれながら、演劇や音楽を楽しんだのだろう。かつては屋根があったが、四世紀の地震で崩壊したのだという。

二世紀のアゴラ（市場）跡やアスクレピオン（医療所）跡もある。はるばると、この南海の島にまで、広大にして優雅な都市を築いたローマ人たちは、全世界はローマ人のものと思っていたのだろう。

「ビザンティンの城塞」と呼ばれる遺構もある。これは七世紀後期、アラブの襲撃からパフォス港を守るために築かれたといわれている。

この遺跡に立って、東地中海の地図を開いてみると、アレクサンドロス大王没後、プトレマイオス朝が、島の東端のサラミスでなく、西南端のこのパフォスを首都にした理由が理解できる。四百年近いローマの支配の後、ビザンティンは首都をサラミスに移した。

都市跡に立って、穏やかにひろがるビーチを望見すると、海賊たちにとっては、この辺りがいちばん襲撃をかけやすい浜だったろうと想像される。

最後にゆっくりとモザイクを見た。このモザイク群はパフォスの財産と言っていいだろう。

古いモザイクを見るのは大好きだ。シリア国境に近いトルコの町アンタキヤ（古代アンティオキア）のモザイク博物館で膨大な量のモザイクを見てから病みつきになった。

この遺跡にもギリシア神話を題材にした床モザイクが大量に残っていた。酒神ディオニソス（バッカス）のモザイクが多く発掘された屋敷跡「ディオニソスの家」は、二世紀の富裕なローマ人の家とされている。発掘は一九六二年だから、ごく最近のことと言ってよい。二千年近い眠りから覚めたモザイクが活き活きとした姿で、二十一世紀に生きるわれわれを魅了する。古代のモザイクは写真で見るより、博物館で見るより、現場で見るのが感動的だ。

豹の引くチャリオット（戦車）に乗ったディオニソス。それに従うのは、酒と女が大好きな半人半獣のサティロスや、山羊の頭をしたパン（牧神）たち。かと思うと、ディオニソスにワインのつくりかたを教わったイカリウスが、ワインの革袋を満載した牛車を引き、人々にワインをふるまって歩いている図がある。

泉の畔にすわるナルキッソス。水に映るわが姿に恋したナルキッソスの挿話は有名だ。彼はやがて水仙となり、自己愛のシンボルとなった。アポロンとダフネもいる。岩にすわって竪琴を弾く楽神オルフェウスと、そのまわりで楽の音に聴き惚れている動物たち。

土砂に埋もれ、南国の太陽に熱せられて、二千年近く、よくもこれほどみごとに残っていてくれたと感嘆するばかりである。

ワインを飲んで、踊って、ヤーマス（乾杯）！

パフォス最後の夜、カルロス君に誘われて海辺のレストランに出かけた。観光客相手の店だが、ギターと民謡のライブも入っている。昼間はショーツにビーチ・サンダルの西洋人観光客たちも、ひらひら花柄のドレスなど着てやってくる。

ギリシア・サラダと魚のオイル漬けを前菜に、キプロス・ワインで乾杯。メインはスブラーキ。トルコで言うシシケバブ、つまりラムの串焼きである。

カルロス君は食事の途中で、何度も「ヤーマス（乾杯）！」とグラスを上げた。それがギリシア流なのだそうだ。やや塩辛いフェタ・チーズと、キプロスの素朴な赤ワインが実によく合う。私の舌はだいぶ前から東地中海化している。

南キプロスの兵役制についてきいてみた。キプロス共和国男子は十八歳から二十歳の間に二十六か月の兵役につく義務があるそうだ。

「仮想敵国は？」ときくと、ちょっと口ごもってから「トルコかな」と答えた。

「軍隊は厳しいよ。辛かった。思い出したくもない。もうこりごりだ」

とカルロス君は言った。相手がキプロスとは無縁の外国人なので、本音を言ったのだろう。私はトルコの若者たちとも何度も軍隊について話しているが、彼らも本音を言えば、カルロス君とまったく同じである。デートもできず、毎日、殺し合いの練習をさせられる軍隊が好きな若者など、世界中に一人もいないのではないか。

軍隊嫌いは大いに結構。だったら、「南北キプロスの〝再統合〟後、また紛争など起こすなよ、きみたち」と、私は南北の若者たちに言いたい。

「ぼくの親父はパフォスでずっと漁師をしてたんだ。お金がなかったから、ぼくは兵役終えてから、アメリカで働きながら大学に行ったんだよ」

カルロス君は言った。音楽が「日曜はだめよ」になった。民族衣装を着たウエイターたちが客の手を取って踊りに誘う。客たちが次々に立ち上がり、踊りの輪がひろがっていく。

♪ティラリラリラリ、ランララ、ランララ、ランララ、ラリラリラー……

島の西南端の海辺に、ローマ人が
築いた広大な古代都市跡。

パフォスの遺跡に大量に残る
モザイクのひとつ
「ディオニソスとアクメ」。
三世紀。

ギリシア人は外国人と見れば、この曲をやるが、南キプロスでも同じらしい。たしかに最も人口に膾炙《かいしや》しているギリシアの曲といえば、これをおいてないだろう。踊りの輪に引きずり込まれ、店中駆けまわって踊れば、ワインの酔いもまわってくる。テーブルにもどって、またまた「ヤーマス」と乾杯する。パフォスの最後にふさわしい夜になった。

イスタンブールへの帰途はまた、リマソルで一泊、ラルナカで一泊して、ラルナカ空港からアテネへ飛んだ。ラルナカ空港でコーヒーを飲んでいるとき、二十日間のキプロス旅行で初めて日本人に出会った。三十代と思われるビジネスマンである。車関係の仕事をしていて、これからパリに出張するところだという。

「ああ、びっくりした。キプロスと日本を行ったり来たりしているけれど、一人旅の日本の女性に会うなんて初めてだ」

と彼は笑った。

ラルナカ＝アテネの機内で朝陽が昇る。鞄にはイスタンブールの友人たちへの土産に買ったキプロスのワインが入っていた。

二〇〇五年十月、トルコ共和国のＥＵ加盟のための交渉が開始される。加盟実現のためにトルコ共和国が決着をつけなければならない最大の問題のひとつがキプロス・プロブレムである。二〇〇四年四月末に行われた南北キプロスの国民投票では、国連の提示した再統合案に対して南キプロスの住民が反対票を投じた。

二〇〇五年二月、北キプロス・トルコ共和国の総選挙が行われ、キプロスの〝再統合〟とEU加盟に積極的なタラート首相が率いる与党「共和トルコ党（CTP）」が得票率をのばした。北キプロスの趨勢は〝再統合〟へ向かっている。

トルコ共和国と〝北キプロス共和国〟の前途は多難だが、統合への道が開かれれば、キプロス問題は四十年ぶりの解決を見ることになる。これからが南北キプロスの人々の叡智が問われるときだろう。

南北キプロスの人々が、世界の中のキプロスの現実を踏まえ、譲るべきは譲って、統合による平和的解決を達成して欲しい。愛と美の女神の島をふたたび憎悪と流血の島にすることがあってはならない。美しい古都を南北に分ける醜い〝壁〟はもう見たくない。今度、私がキプロスを訪れるときには、統合されたキプロス島に真の平和が訪れていることを祈るばかりである。

あとがき

トルコを専攻していると、興味は自ずから地中海へ、中東へ、東欧へ、中央アジアへ……とひろがってゆく。とくに、トルコとは今も昔も切っても切れない関係にあるキプロス島に、私はここ七、八年来、取り憑かれていた。

実を言えば、中世から近代までのキプロス島の歴史を物語風に書いてみたかったのだが、南北キプロスの再統合がまさにアプトゥデイトな問題になっているいま、現状を抜きにキプロスを語ることは許されないだろう。というわけで、いまも微妙に揺れる「キプロス問題」にも触れた。


ここ数年の間に、北キプロスを二度、南キプロスを一度訪れたと自慢したら、わが師にして中東の権威、牟田口義郎氏は「ぼくは一九五〇年代にキプロスに行った」と軽く言われた。五〇年代といえば、キプロスがまだ英国の植民地だった時代ではないか。私もその頃のキプロスも見たかったと思うが、時間を巻き戻すわけにもゆかない。

この島をたった一人で旅すれば、南でも北でも、出会うのは心暖かく、優しい人々ばかりである。小さなカップで、どろどろのコーヒーを飲み、飽きもせずバックギャモンの盤に向かう男たち。髭も髪も黒々と濃く、目玉がぎょろりとでかく、声もでかい、人懐こいおじさんたち。若い世代には輝くような美男美女がいるのに、あっというまに、ころころのおじさん、おばさんになってしまうのも両民族共通だ。長い睫毛に円《つぶ》らな瞳の子どもたちは、翼があったら天使かと見まがうほどに愛くるしい。トルコ系も、ギリシア系も、島民はみな、第三者の目には似た者同士に見える。

ギリシアとトルコが犬猿の仲と言われて久しいが、双方がこれはもう〝歴史的腐れ縁〟と思い定めて、互いに譲り合い、仲よく共存することはできないものだろうか。気に入らないところはあっても、縁を切るわけにはゆかない親戚同士とわりきって、つきあってゆくわけにはいかないものか。

共和国になってからのトルコ人は「われわれの祖先は中央アジアから来た」とことさらに言いたがるが、彼らが多くの民族のミックスであることは彼ら自身がよく知っている。鏡を見ればわかることだ。

十世紀末から十一世紀、多くのトルコ系の人々が中央アジアからアナトリアに移住してきたのは事実だが、長い間に混血に混血がくり返されて、今日のトルコ人ができあがったのである。テュルク、アラブ、クルド、ギリシア、ユダヤ、アルメニア、スラブ等々が混ざりに混ざった。

そもそも一四五三年、コンスタンティノープルを征服したオスマン帝国のメフメット二世にして、その目的はビザンティン帝国の都を破壊し、その住民を放逐することではなかった。彼は都を征服すると、ただちにその整備に着手し、離散したギリシア人たちが都へもどることを奨励したのである。

メフメット二世の軍の半数以上の将官がキリスト教徒であり、その多くはビザンティンの最後の皇朝パレイオロゴス家につながる人々であったという。また、戦闘の中で逝った最後のビザンティン皇帝コンスタンティヌス十一世の後継者とされていた帝の甥が、征服から十数年後、オスマン帝国海軍を率いる司令官となって活躍したことも、もっと注目されてよいことだ。オスマン帝国の繁栄はビザンティンの進化した姿だと言い切る歴史家もいる。

さらに遡れば、オスマン朝の創始者オスマン・ガジイの息子オルハン・ガジイ（一三二六〜五九）は、政略によってビザンティン皇帝ヨハネス・カンタクゼノスの皇女テオドラと結婚している。従って、オスマン帝国第三代スルタン、ムラト一世の母親はギリシア人ということになる。

また、イスタンブールの観光名所のひとつになっているスルタン・アフメット・モスク（通称ブルー・モスク）を建てたアフメット一世（一六〇三〜一七在位）の寵妃キョセムもギリシア女性であった。二人の息子ムラト四世とイブラヒム一世はギリシア人とトルコ人のハーフである。ギリシア人ばかりではない。ハーレムには外国の美女が多くいたから、ウクライナ女性やフランス女性を母としたスルタンもいる。オスマン帝国の頂点にある歴代スルタンたちが進んで皇統に異民族の血を入れていたのである。

六百年つづいたオスマン帝国で、最も多いマイノリティはギリシア人であった。彼らは各地にコミュニティをつくっていたが、最大のマイノリティであるギリシア人には富裕階級も多く、彼らはギリシア正教の教会に集い、伝来の習慣を守り、ギリシア語を話して暮らすことを許されていた。

往時、オスマン帝国はエーゲ海の島々を含めて現在のギリシア領土のほとんどをその支配下に入れていた。混血の起こらないわけがない。トルコ人とギリシア人は親戚みたいなものというのは冗談でも方便でもないのである。

ついでに言えば、キプロスは確かにビザンティン帝国に支配されていた時代もあったが、住民は果たして〝ほんもの〟のギリシア人だったろうか。『ヴェネツィアの世界』の著者ジャン・モリスも『ヴェネツィア帝国への旅』で、キプロス島民について「実際はアッシリア、ペルシア、フェニキア、アラブ、エジプト、トルコ等々の血が混じったごった煮である」と言っている。人が動き、文化が交錯すれば、混血も進む。ギリシア系島民と言われる人々だって、もとをただせば、トルコ系同様〝ごった煮〟なのである。


キプロス問題は民族紛争といわれる。「民族紛争」ということばがどこでも安易に使われている感があるが、そもそも〝民族〟というものほど、いい加減で、曖昧で、ばからしいものはない。民族とはなにか？　言語か、宗教か、文化か、血縁か。よく言われることだが、民族とはそのどれでもくくれない、きわめて曖昧模糊としたものなのだ。

最近、ボブ・ディランがその自伝に、自分の祖父母はトルコ人だと書き、祖母の姓や出身地まで明かしたから、トルコでは「ボブ・ディランの親戚」という家族が新聞に登場したりして、ちょっとした騒ぎになった。彼自身が言ったのだから、ほんとうだろうが、言わなかったら、ボブ・ディランのルーツがトルコ人だなんてだれもわからない。わかったところで、巨大な異民族国家アメリカではきっとみんな、べつに驚きはしないだろう。

たとえば、あるトルコ人が日本に来て「私はクルド人だ」と言えば、だれもそれを否定できない。否定する根拠がなければ、とりあえず信じるしかない。アラブ系だと言えば、そうですかと言わざるを得ない。異民族同士が結婚して子供が生まれたら、もうその子はどちらの民族集団に属するかわからなくなってしまう。要するに、民族などというものは、それほどいい加減で、曖昧なものだと言いたいのである。〝民族〟は命や名誉を賭けるほどの価値のあるものではない。

『タッチ・オブ・スパイス』というギリシア映画を見た。二〇〇三年の作品だが、ギリシアでは空前のヒット作だったという。

一九五〇年代のイスタンブールに生まれたギリシア人少年と、トルコ人少女の、ほのぼのとした幼い愛。だが、厳しい政情によって、少年一家はギリシアに去ってゆく。監督自身、イスタンブールに生まれ、アテネで育った人だというだけに、両国への愛と二民族の融和を願う想いが切々と伝わってくる。

この際、キプロス島の守護女神アフロディテさまにお願いして、エロスの愛の矢を島の四方八方に射まくっていただくのがいいかもしれない。南と北のカップルがぞくぞく誕生すれば、「民族紛争」もへちまもなくなってしまう。

アレクサンドロス大王ではないが、民族はごちゃごちゃに混ざるのが平和への道である。民族独自の文化や伝統に頑なにこだわる必要はない。優れた文化や魅力ある伝統は放っておいても多民族にも浸透し、拡大し、尊重される。混ざり合って、さらに洗練される。

南北キプロスの皆さん、〃民族〃などといういい加減なもののために、血で血を洗うなんてばからしいことはもう二度としないほうがいい。宗教や言語は違っても、食物を初め、生活習慣からルックスまでそっくりな南北の皆さんはきっと仲よくやっていけるはずである。

美と愛の女神の島に平和を！

*

この本を上梓するにあたっては、新潮社出版部の福島知子氏にご助力をいただいた。彼女には文庫二冊も手がけていただいているから、今度で三作めのおつきあいである。感謝申し上げるのみ。

本書の「ギルネ」「北レフコシャ」「ガジマーウサ」の章は、日本トルコ協会発行の『アナトリア・ニュース』111〜113号に掲載された「キプロス島を歩く」を大幅に改稿・加筆したものである。

二〇〇五年四月　イスタンブールにて

澁澤幸子

主要参考文献

"Touring Guide of Cyprus" George & Christina Karouzis, SELAS Ltd.
"North Cyprus a Complete Guide", Rainer Scmidt & Brian Worley, Pilot Publications
"Proposals for a Solution to the Cyprus Problem", George Karouzis, Cosmos Press
"The Cypress Question", Michael Stephen, Meto Print Ltd.
"Byzantium the Decline and Fall", John Julius Norwich, Alfred A. Knopf
"L'Orient des Croisades", Georges Tate, Gallimard
"Gods and Heroes, Myths and Epics of Ancient Greece", Random House, Pantheon Books
"The Ottoman Empire", Halil Inalcik, Phoenix, a division of Orion Books Ltd.
"Turkey Modern History", Erik J. Zurcher, I.B.Tauris & Co. Ltd.
"Bellapais Abby the West in the East" Harvey Ayerst, Pilot Publications
"Saint Lazarus, the Friend of Christ and First Bishop of Kition", Sofronios G. Michaelides, The Church of St. Lazarus
"The Republic of Cyprus" & "Turkish Republic of Northern Cyprus" Wikipedia, the Free Encyclopedia
"Cyprus Today", Ministry of Education and Culture, Republic of Cyprus

『複合民族国家キプロスの悲劇』（新潮選書）大島直政著、新潮社
『ケマル・パシャ伝』（新潮選書）大島直政著、新潮社
『岩波講座世界歴史』1〜3（古代1〜3）、7（中世1）、10（中世4）、21（近代8）、25（現代2）
『西アジア史』（世界各国史11）前嶋信次編、山川出版社
『西アジアの歴史』（講談社現代新書）小玉新次郎著、講談社
『トルコ近現代史』新井政美著、みすず書房
『オスマンVS.ヨーロッパ』（講談社選書メチエ）新井政美著、講談社
『アラブが見た十字軍』（ちくま学芸文庫）アミン・マアルーフ著、牟田口義郎・新川雅子訳、筑摩書房
『十字軍』（岩波新書）橋口倫介著、岩波書店
『十字軍』（教育社歴史新書）橋口倫介著、教育社
『ビザンツ帝国』（教育社歴史新書）和田廣著、教育社
『生き残った帝国ビザンティン』（講談社現代新書）井上浩一著、講談社
『ルネサンスの女たち』塩野七生著、中央公論社
『ギリシア神話』（ワイド版岩波文庫）アポロドーロス著、高津春繁訳、岩波書店
『ギリシアの神話 神々の時代』（中公文庫）カール・ケレーニイ著、植田兼義訳、中央公論社
『ヴェネツィア帝国への旅』ジャン・モリス著、椋田直子訳、東京書籍

新潮選書

キプロス島《とう》歴《れき》史《し》散《さん》歩《ぽ》

著　者……………澁《しぶ》澤《さわ》幸《さち》子《こ》

発　行……………2005年 5 月25日

発行者……………佐藤隆信
発行所……………株式会社新潮社
〒162-8711 東京都新宿区矢来町71
電話　編集部03-3266-5411
　　　読者係03-3266-5111
http://www.shinchosha.co.jp
印刷所……………株式会社光邦
製本所……………株式会社大進堂

乱丁・落丁本は、ご面倒ですが小社読者係宛お送り下さい。送料小社負担にてお取替えいたします。
価格はカバーに表示してあります。

ISBN4-10-603550-2　C0326